一個人需要另一個人才可生存，他愈甘心樂意進入他和別人都知道的痛苦處境，就愈有可能成為領袖，帶領追隨者離開曠野，進入應許地。

盧雲

當代牧養事工的省思

負傷的治療者

the wounded healer

▼

靈修著作精選 • 盧雲系列

負傷的治療者

當代牧養事工的省思

The Wounded Healer

Ministry in Contemporary Society

作者
盧雲 Henri J. M. Nouwen

翻譯
張小鳴

責任編輯
陳錦榮

裝幀設計
郭曉勤

■

出版／發行
基道出版社
香港沙田火炭坳背灣街 26 號富騰工業中心 10 樓 1011 室
LOGOS PUBLISHERS
Unit 1011, 10/F, Fo Tan Ind. Centre, 26 Au Pui Wan St., Shatin, Hong Kong
電話：(852) 2687-0331　傳真：(852) 2687-0281
網址：https://www.logos.com.hk

承印
陽光（彩美）印刷有限公司

●

版權所有 · 請勿翻印
© 1998 基道文字事工有限公司
6/1998 初版　7/1999 二版　7/2002 三版　12/2005 四版
Cat. No. LP734-4A
ISBN-10: 962-457-137-6
ISBN-13: 978-962-457-137-0
Original Edition " THE WOUNDED HEALER "
This translation published by arrangement with Image,
an imprint of Random House,
a division of Penguin Random House LLC.
through Andrew Nurnberg Associates Limited.
© 1972 by Henri J. M. Nouwen
Chinese Edition © 1998 by Logos Ministries Limited

ALL RIGHTS RESERVED
Printed in Hong Kong

刷次	16	15	14	13	12	11	10	9	8	
年份	2032	2031	2030	2029	2028	2027	2026	2025	2024	2023

誌意

有很多人在本書個別章節的孕育過程中，扮演著吃重的角色，特別是那些在課堂上聆聽過部分手稿的，對我重組及重寫主要的內容有著莫大貢獻。

我非常多謝史蒂夫·托馬斯（Steve Thomas）和魯弗斯·勒斯克（Rufus Lusk），他們在手稿的最終階段施予實質的援手；此外，也衷心多謝茵迪·戴（Inday Day），她確是出色的祕書；最後，也很多謝伊麗莎白·巴特邁（Elizabeth Bartelme），她鼓勵我之餘，也在編輯工作的支援上顯得非凡。

過去一年，很多朋友都教我意識到自己男性中心的語言。我在出版前再翻閱手稿一遍，覺得他們很有見地。我盼想女性讀者在我嘗試作出解放時有點耐性，並能夠在內文眾多男性字眼裏尋著你們的蹤影。我希望下一次能夠有所改善。

我把本書獻給威廉斯夫婦（Colin & Phyllis Williams），他們的情誼及盛情款待，在在叫我在耶魯神學院（Yale Divinity School）有若賓至如歸。

目錄

引言

四扇敞開的門

在現代社會擔任牧職意味著甚麼呢？過去數年，無數意欲獻身事奉的男男女女反覆問著這問題，然而，他們發覺耳熟能詳的答案已不奏效，他們得不著源自傳統的保障。

以下數章正試圖回應這問題。誠如安東尼奧．波切瓦（Antonio Porchia）所言：「一扇門為我開啟，走了進去，卻面對著過百緊閉著的門。」（*Voices*, Chicago, 1969）任何提供答案的洞見都挑起嶄新的難題，可是後者尚沒有答案；不過，我不想因著緊閉的門所帶來的恐懼而卻步不前。

這正好證明了本書的結構，我們大可把四章看為四扇大門，藉著這四扇門，我嘗試探索現代世界牧養事工的難題。第一扇門代表了苦難世界的光景（第一章）；第二扇門代表了受苦世代的處境（第二章）；第三扇門代表一個受苦者的情況（第三章）；第四扇則代表了一個受苦牧者的環境（第四章）。本書的一致性不在於意圖處理一個前後一致的論題，又或證據充足的議題；反而是在於為自身實際作用困惑的牧者，不屈不撓地理出一點頭緒。

或許，我們割裂的生活經驗加上急迫感，不容許我們寫一本「牧者手冊」。然而，在這些零零碎碎的片段中，一個形象逐漸浮現，進而成為所有思想的焦點，那就是負傷的治療者。這形象是最後才出現的。在竭盡所能說明現代人的困厄後，最必要的是說明牧者的困境，而且後者是日益重要的課題。因為牧者是奉召以心靈體會他那代的苦難，並以他的體會作為牧職的出發點。無論是闖進失常的世界、走向動盪不安的世代，或安慰臨終的人，除非他說的，來自他受過同樣傷害的心靈，否則，他的事奉不算真誠可信。

既然如此，如果牧者不深入了解化一己創傷為醫治源頭之道，那麼，就沒有甚麼有關牧養的東西好寫了，所以，我把這書命名為《負傷的治療者》。

寫於康涅狄格州紐黑文市

1 脫軌失常世界中的牧養事工

追尋核子人

引言

在日常處境中，不時有人闖進你的生活圈子，他的言談舉止正戲劇化地反映了現代人的處境。對我而言，彼得正是這樣的一個人。他向我求助，同一時間倒使我對自己的世界別有一番理解。他二十六歲，身體瘦弱，藏在金色長髮裏的面孔瘦長，且有著城市人的蒼白，眼神柔和，閃出深邃的憂鬱，嘴唇頗迷人，微笑起來，予人親切感。他握手時，不拘常規禮節，總讓人覺得他人到心也到；他說話時，聲線總教人不得不細心傾聽。

我們攀談起來，彼得很明顯覺得賦予生活結構的界線已日漸模糊。他的生命似是隨風飄浮，不能自主，周遭有很多可知及不可知的因素在左右著；他跟四周世界之間的界線消失了，他覺得心思意念全不屬自己，而是外來強加於他身上的。好些時候，他疑惑：「幻想是甚麼？現實又是甚麼？」他常常有一種奇異的感受，就是小魔鬼闖進了他的頭顱，製造混亂，教他既痛苦又困惱；他甚至不清楚誰可以信任誰不可以、甚麼事應做而甚麼事又不應、為何對某人說「是」卻對另一人說「不」。善惡、美醜、吸引和排斥等等之間的分別，對他已毫無意義，甚至面對怪異的建議時，他會說：「有甚麼問題？為甚麼不試試新事物？為甚麼不體驗新經歷？管它是好是壞！」

彼得與周遭的分界消失了，幻想與現實、應做與不應做的事等分界也消失了，他似是「現在」（now）的囚犯，被囚於當下（present）而與過去及將來都了無關連。他回家時，覺得有如走進了全然陌生的世界，父母的用語、問題和關注、期望與憂慮，似是來自另一世界，屬於另一種語言和心境。他展望未來時，所有事物都變成模糊不清，有如一團看不穿的厚雲。他為甚麼生存？他往哪裏去？他茫無頭緒。彼得沒有努力的目標，沒有要實現的渴想，更不會期待任何重要偉大的事情。他眼神一片虛無，只能確定一件事：假若人生真有價值的話，必定是此時此地的。

我這樣描繪彼得，不是向你展示一個需要心理治療的病人。絕對不是！我想彼得的處境在很多方面正是現代男女的典型寫照。也許，彼得需要援手，然而，他的經歷與感受不能單以個人心理病理學來理解，它們是我們身處其中的部分歷史脈絡，這處境促使我們視彼得的生活為時代的標記，我們也可在自己的生活經歷辨別出這生活處境。我們由彼得身上看到的，正是我所稱「核子人」（nuclear man*）的痛苦生活寫照。

*譯註：盧雲於七〇年代寫本書，當時核子問題是國際間熱門課題。然讀者若能越過表象，深入理解盧雲探討的問題本質時，定必發現「核子人」與「後現代人」這兩個名詞竟可互換位置。

在這章，我希望更深入理解人類的困厄，因為很多男男女女都有著類似彼得的生活經歷，以致這狀況愈來愈明顯。此外，我盼望在現在的亂盪中找著釋放和自由的新路向。

所以，我將這章分為兩部分：核子人的困厄，以及核子人釋放之路。

I．核子人的困厄

核子人的意思是，一個人已對科技的發展盡失天真的信心，與此同時，卻痛苦地察覺為人類締造新生活方式的同一能力，正盛載著自毀的潛能。

讓我告訴你一個古印度的故事，也許可以使我們捕捉核子人的處境。

四位王子討論該掌握甚麼專長，大家都說：「讓我們四出訪尋，學習一門專長。」他們就這樣作出了決議，並且約定日後相會的地方，跟著四兄弟一起朝著不同方向出發。時光荏苒，四兄弟在約好的地方再度聚首，互相查問各人所學的。頭一個說：「我學會了一門科學，即使沒有甚麼，只要有一塊動物骨頭，我就可以在骨頭上造出肌肉。」第二個接著說下去：「只要骨上有肉，我就懂得怎樣叫它生出皮和毛。」第三個說：「若我有肉、有皮，又有毛的話，我就可以弄出四肢。」第四個作結論：「假如那動物既完整，又有四肢的話，我知道怎樣給牠生命氣息。」

四兄弟就這樣走進森林找骨頭，好各顯所長。可是，天意弄人，他們拾到的竟是一塊獅子骨頭，不過他們竟懵然不知。一個先在骨頭上弄出肉，第二個添了皮和毛，第三個配上相稱的四肢，第四個給了牠生命。兇猛的野獸張牙舞爪，撲向創造者，大開殺戒，然後逍遙快活地沒入森林。（摘自 *Tales of Ancient India*，譯自 Sanskrit, J.A.B. van Buitenen, New York: Bantam Books, 1961，頁 50 ～ 51）

核子人知悉自己的創造能力有自毀的潛能。在這核子時代，龐大的新式工業程序一小時所生產的，在過往可能要花上好幾年時間；不過，他同時意識到，這些工業也擾亂生態平衡，空氣和噪音污染已毒害了他生活的環境。他駕汽車，聽收音機，看電視，但是對這些器具的工業生產情形，卻一無所知。他目睹四周的物質商品如此充裕，「匱乏」已不是生活的動力，然而，他同一時間在探求方向，並追尋意義和目的。身處其中，他飽受苦痛。他委實知道在這時代，人不單可以毀滅生命，還可以剔除再生的可能性；人不獨可以摧毀個人，還可以毀滅全人類；人不但可以摧毀某個歷史時期，還可以毀滅整體歷史。對核子人來說，未來已變成一個選擇。

前核子人也許會意識世界的真正矛盾，生命與死亡病態地相接觸，人身處其中有如腳踏一根容易折斷的繩索，不過，他能以過往樂觀的人生觀來協調這份理解。然而，對核子人而言，舊日的洞見無法協調這份新的認知，傳統建制也無法疏導，反而激烈而決定性地瓦解人類現存的一切參考架構。對他來說，困難不在於未來潛伏危機，如核子戰爭，反而是根本沒有將來。

青年人不一定是核子人，老年人也不一定是前核子人。年齡不構成差異，意識及生活方式才是關鍵。心理歷史學家羅伯特．傑伊．利夫頓（Robert Jay Lifton）曾就著評定核子人窘境的本質，提供了超卓的概念。按他所言，核子人有如下特徵：（1）歷史的脫軌，（2）零碎割裂的意識形態，（3）尋覓新的永生。也許，參照這些概念來檢視彼得的生命是有果效的。

1. 歷史的脫軌

當彼得父親問他甚麼時候大考，找不找到可共諧連理的好女子；當他母親查探他有關告解、領聖餐，和參與教會各種組織的情況——他們假設了彼得所期望的將來，與他們的無甚差異。可是，彼得覺得自己是「生存試驗的最後一個人」，而不是創造未來的先鋒。所以，父母所用的象徵——本來對有著前核子人思想形態的人管用，對他已失去統合及整合的能力。

我們稱彼得的經驗為「歷史的脫軌」，即是「聯繫的破損。人類長久以來都意識到孕育他們的文化傳統象徵，而這些象徵在在與家庭、思想體系、宗教、生老病死有著密切關係。」（Lifton, *History and Human Survival*, New York: Random House, 1970，頁 318）當某人懷疑明天不能確保人類努力的價值，他為甚麼要結婚生子、求學、建立事業？他為甚麼要發明新科技，建構新體制，以及孕育新觀念？

關鍵在於核子人缺乏延續的感覺。這感覺對創造性的生活關係重大。他覺得自己不屬歷史，於是此時此地的當下彌足珍貴。對核子人而言，生活很像一張斷弦的弓，根本不能射箭。在這脫軌的光景，他漸漸癱瘓，既不焦慮，也不喜樂，因這些都是實實在在生活的人才有的反應，他只有冷漠和懨悶。人覺得有能力影響未來時，才會有希望或失望，然而，他認為自己是極端複雜的技術官僚建制下的犧牲者，動力因而消失，他容讓自己游蕩於時空，以致生活成了長長的一連串偶發事件。

正當我們疑惑傳統的基督教何以對核子人失去了釋放的力量，我們必須認清一個事實，大多數基督教教導仍然建基於一個前設：人類認為自己已經與歷史有意義地整合起來，在其中，上帝已在過去降臨，在當下臨在，在未來再臨，以釋放我們。可是，當人的歷史意識崩裂，基督教的信息豈不就像對牛彈琴。

2. 零碎割裂的意識形態

彼得的生活最叫人吃驚的是，他的價值觀轉變得很快。他曾經作過多年的修士，非常嚴肅而順服，天天都參加彌撒，以及好幾小時的團體祈禱，還活躍於禮儀小組，熱心而興緻勃勃地研習很多課程中的神學材料。可是，當他決意離開神學院，在一所非宗教大學開學，不消數個月，他已拋掉往日的生活方式。他一聲不響地不上彌撒，連主日彌撒也不出席；反而通宵達旦跟朋友吃喝玩樂，並且與女朋友同居；至於所修的課程，則完全與神學沾不上邊；此外，他很少提及上帝和信仰。

更叫人詫異的是，彼得對往日的神學院沒有怨忿，甚至經常造訪舊友，還念念不忘他過去的修士生涯。然而，兩種生活方式的不一致完全沒有困擾他。兩種經驗都有價值，各有好壞，這樣，又何苦單以一種方式生活，受制於一種觀念，以一個框框來劃地自限？

彼得既對往日神學院生涯無悔，也不為目前生活自豪，明天也許會截然不同，有誰知悉呢？一切在於你遇上的人、碰到的經歷，以及在當其時對你有意義的意念和欲望。

核子人，像彼得般模樣的，完全不依某一種意識形態生活，他已轉身離開一套固定而全面的意識形態，奔向更多變而片面的意識形態。（Lifton, *Boundaries*, New York: Random House，頁98）我們這時代最顯著的現象，就是人能大量接觸多元甚至衝突的意念、傳統、宗教信念和生活形式；藉著大眾傳媒，人受著弔詭性的人類經驗衝擊。他所受的衝擊，不單來自救人一命的、精細而昂貴的心臟移植手術，同時也來自世界無法回應的上千計飢餓致死的羣眾；他面對的衝擊，不純出於一個人有能力快速飛到另一星球，也出於他根本無能為力去終止地球上一場無意義的戰爭；他迎向的衝擊，不只是人權和基督教道德的更見心思的討論，更是巴西、希臘，以及越南的酷刑囚室；他耳聞目睹的，既有人類建水壩、改河道、造沃土的高超技術，也有地震、氾濫、龍捲風於剎那間破壞人類百年基業的破壞力。一個人面對這種種衝擊，若又要在其中得著意義的話，他不可能以某一套意念、概念或思想體系來自我蒙騙，以為這一切互不相容的景象皆是一個不變人生的外觀。

「這後現代文化影響的異常流程」（Lifton, *History and Human Survival*，頁318）要求核子人有日漸增加的彈性，保持開放，並接受目下為某特定時刻所提供的零散答案。弔詭的是，這一切反而帶來興高采烈的時刻，人身處其中，可徹底浮沈於身邊景物的閃亮印象中。

核子人不再相信任何永恆真實之說，只為每時每刻而活，從中締造生活。他的藝術是拼貼藝術，雖然利用不同的碎塊，卻只不過是一個人當其時的短暫印象；他的音樂是即興的，是把不同作曲家的主題拼合成新鮮而短暫的音樂；他的生活是一種感受和意念的隨意表達，需要與人溝通，以及他人的回應，不過，卻不強求他人接納。

這種零散割裂的意識形態，使核子人不致變為狂熱分子，為理想而送命或殺人。他主要追尋自己覺得有價值的經驗，因而能非常接受其他事物，因為他不覺得不同信念的人是威脅，反倒是發掘新意念並測試自己理念的機會。他也許會非常專心聆聽拉比、牧師或修士的話語，卻不曾考慮接受任何思想系統，不過，他倒是樂意深入了解自己部分和零散的經驗。

當核子人覺得他不能跟基督教信息扯上關係，我們也許疑惑，對許多人來說，基督教是否已變成一種意識形態。耶穌，這位受到祂時代領袖處死的猶太人，經常被轉化為文化英雄，因而強化了最具分化力量及破壞力量的意識形態角度。當基督教被簡化為無所不包的意識形態，核子人難免會質疑基督教與他人生經驗的相關性。

3. 尋覓新的永生

彼得為甚麼前來求助呢？他自己不大清楚尋求甚麼，但是，有一種含糊不清的迷惘籠罩著他。他的生活已無法統一，又欠缺方向；他已沒有了令自己個性整全的界線，也覺得自己像每時每刻的囚犯，左飄右蕩，不能採取一條明確的路線。他仍求學，十分守紀律，以致可以使自己覺得有事可為，不過，到了週末和假期，他大多是睡覺、濫交、跟朋友閒坐，讓音樂和幻想的即興影象引發思緒遐想。

沒有甚麼是緊急的，又或者重要非常，以致他要置身其中，沒有工作方案或計劃，沒有值得興奮的工作目標，沒有要迫切完成的任務。彼得沒有因著衝突而苦惱，沒有沮喪，沒有自殺傾向，也沒有憂慮。他免疫於失望，卻沒有甚麼希望。這種動彈不得的光景教他懷疑自己的情況。他發現，即使欲望得著滿足，跟異性擁抱過、接吻癡纏過，仍得不著活動和邁出下一步的自由。他開始困惑起來，愛真的足以教人在這世界活下去嗎？人不需要找到超越人類限制之途，而仍然滿有創造力嗎？

或者，我們可以在彼得的生命歷史裏找到一些事件或經驗，以了解他的冷漠；不過，若把彼得的無能為力看為核子人的無能為力，倒是十分恰當的，後者已失去了創造性的源頭，就是永生的意識。當一個人不再放眼死亡後的事，也不讓他的生命與時空之外的事物相連，他已失去了創造的欲望和做人的樂趣。所以，我想把彼得的難題看為核子人的難題——核子人在尋索不朽不滅的新途徑。

利夫頓認為核子時代人的關鍵問題，是他的永生意識受著威脅。這種永生不朽的意識「代表一種積極而普遍的推動力，要藉著生命的不同元素，在時空之內維持一種持續不斷的內在意識」。這是「人經驗他與全人類歷史相連的方式」。（Lifton, *Boundaries*，頁22）只是，對核子人來說，傳統的永生不滅形態已失卻了聯繫的能力。

他常常說：「我不要把孩子帶到這個自我毀滅的世界。」面對著歷史終結的可能性，他為了下一代生存下去的渴求已灰飛煙滅。既然如此，當一枚原子彈的爆炸也許轉瞬間把一切化為飛灰，他又為甚麼要靠手所作的工生活下去呢？「靈魂不死」能夠教人在大自然生存下去嗎？「現世」已難得有任何信念，一套「來世」的信仰又怎能有效回應永生的追尋者呢？人只能以死前的生活來思想死後的生命，同樣，假如當下的世界不能給人任何指望，那麼，又怎會有人能夠夢想新世界呢？

沒有一種永生的形式——藉著下一代、藉著工作、藉著大自然，又或藉著天堂——可以幫助核子人把自己投射在個人生存的局限之外。

所以，核子人沒法在地獄、煉獄、天堂、來世、復活、樂園和天國等象徵中，找著從個人經驗而來的寫照，實在不足為怪。

有一類講章和教學內容建基於一個假設：人正邁向充滿應許的新天地，他在這世界的創造性活動，正是他在來世所見事物的象徵。對於一個滿腦子世界自毀危機的人來說，這種信息又怎能起作用呢！

我們對核子人的描述要告一段落了，彼得正是最佳寫照。我們看到他沒有歷史感、意識形態零散割裂，並對新的永生有渴求。明顯地，不同的人在這方面的意識及流露程度各有差異，不過，我希望你能夠辨識自己及朋友的經驗，好能在其中發現一些在彼得身上明顯可見的特徵。這種認識也許有助你了解現況，基督教不但為著適切現代，無可避免地遇到挑戰；同時更被逼自我檢討：她不清晰的假設，是否仍能成為救贖宣言的基礎。

II．核子人釋放之路

當你在學院、朋友圈子、家庭，甚至是個人反省時發覺核子人的影子，你無法不問，這種新人類就沒有釋放、沒有自由之路了嗎？與其提供未經驗證的答案，使人苦惱而非安樂，不如在當下的混亂和停滯中，理出指向盼望的新路徑。

我們放眼四望，會看到不少人因著歷史脫軌、割裂、生命短暫而癱瘓；然而，與此同時，我們也看到令人振奮的生活實驗，人在其中掙扎著，為要脫離個人困厄的鎖鍊、超越必死的光景、突破自己、體驗新的創造源頭。

由於我曾身受核子人痙攣和苦痛之累，我估計核子人有兩個主要破繭高飛的方式：神祕之路與革命之路。兩者皆可被視為「實驗性超越」（Lifton, *History and Human Survival*，頁 330），同時像在開闢新的視域，提倡新的生活方式。因此，請讓我描述這兩條路徑，接著說明兩者有何相關。

1. 神祕之路

神祕之路是內在的路徑。人嘗試在內心世界找著自己與「看不到的真實」、「生命之源」、「寂靜之點」的聯繫。他在那裏發現最個人的竟也是最普遍的。（參 Rogers, *On Becoming a Person*, Houghton Mifflin, 1961，頁 26）在個人癖好、心理差異、性格類型之上，他找到一個核心，足以讓他即時抱擁所有在生者，並體會到與所有在生的產生了有意義的聯繫。許多人曾冒險踏上迷幻藥之旅，他們安全返回現實後都表示，他們覺得自己暫時打破隔閡，與使人聚合的力量十分接近，並得著一個解脫的洞見，透視了死亡之後的事。

退修、禱告以及默觀場所的不斷增加，新的坐禪和瑜珈中心數目日漸繁多，在在顯示核子人意欲進入某一時刻、某一點或某一中心，好在那兒超越生死之別，並深深經驗與萬物甚至是一切歷史的關聯。

我們嘗試怎樣界定這種「純經驗的超越」的方式也好，看來人在這一切形式中，無非是嘗試超越自己的現世環境，向上攀升一層、二層、三層或更多層，遠離日常生活的不真實，從而得著一個無所不包的觀點，好叫自己能夠體驗甚麼是真實的。他在這經歷裏能夠穿越冷漠，觸及生活深處的暗湧。他在那兒覺得自己是某個故事的部分內容，雖然不清楚故事的開始和結局，但他知道自己有獨特的一席位。

這創造性的距離使核子人遠離不切現實的野心和焦躁，因而打破了無休止的自我預言，這預言曾使他異常地預計未來，因而大受困擾。如此，核子人觸碰到自己創造力的核心，得著力量，拒絕成為自己未來學的消極受害者；如此，他覺得自己不再是個孤立的個體，陷於殘暴的因果關係之中，反而是個男子漢，能超越困厄的障礙，不再囿於個人的訴求；這樣，他到了一個地步，認為所有人都是平等的，並且憐憫也變得可能；這樣，他大為震驚，不過同一時間卻十分自信地認為，禱告不是虔誠的裝飾，倒是人類生活的氣息。

2. 革命之路

然而，在今天核子人的世界裏，另一路途漸漸冒出頭來，那就是超越人類困境的革命之路。在這條路上，人知道他的抉擇斷不是介乎他的世界或一個更美好的世界，反倒是世界的消失或一個新世界。採納這一套的人會說：革命比自殺強。這種人深深相信，我們的世界正走向懸崖邊緣，像奧茨維茲（Auschwitz）、廣島（Hiroshima）、阿爾及利亞（Algeria）、比夫拉（Biafra）、美萊（My Lai）、阿提卡（Attica）、孟加拉（Bangladesh）和北愛爾蘭（Northern Ireland）只是眾多名字中的少數，在在說明了人怎樣用自己荒誕的科技發明自殺。

對這種人來說，適應、重整更新或加添都不再有任何幫助；那些自由和前進的人只不過自我蒙騙，企圖把無法改善的處境弄得稍為好受一點而已。他厭倦為樹修剪枝葉，他想把病態社會連根拔起。他相信，要拯救一個受盡勒索、壓榨和剝削的世界，整合的論調、集體反空氣和噪音污染的措施、和平隊伍、反貧窮方案，以及公民權立法等做法已不管用。只有徹底更換現行制度，絕然改變方向，才能阻止一切步向滅絕；不過，他朝著革命目標進發之時，不是單單為了解放受壓逼者、援助貧窮人和終止戰爭。過往，生活貧乏導致人發動革命，今天的革命者視受苦同胞的急切需要，為一更大啟示的部分景象，在這啟示中，人類的生存已成為疑問。他追求的不是更美好的人類，而是新人類，這新人能以尚未發掘的方式與世界聯繫，這些方式來自他的潛能。這人的生活不受管治者的操縱，也不用武器來支持；而是由愛管治，受著新的人際關係溝通方式支持。

然而，這種新人並非演進的自我引導過程可以建立。他也許出現，也許不會。或者，現在為時已晚；也許，文化不平衡、大自然失衡所呈現的自毀傾向，已到了不可逆轉的地步。即使情況如此，革命者仍然相信，形勢並非不可扭轉，人類全然改變方向，跟人類全面自我毀滅同樣可能。他不奢望自己的目標能在數年，甚至數代之內達成，不過，他的獻身建基於一個信念：交出生命總比攫取生命美好，行動的價值不在於即時的果效。他靠賴新世界的景象而活，拒絕短暫的瑣碎欲望打擾；所以，他超越當下的環境，脫離消極的宿命主義，走向激烈的行動主義。

3. 基督徒之路

有沒有第三條路，基督徒之路？我愈來愈確信，在耶穌之內，神祕和革命兩條進路並不互相對立，反而是人類嘗試超越的方式的一體兩面。我漸漸相信，悔改就是個人的革命，所以，每一個真正的革命者都受著挑戰，要打從心底裏成為神祕主義者；與此同時，凡走在神祕路途上的，都蒙召去揭開人類社會的虛幻性質。神祕之路與革命之路都是激進改變這嘗試的兩方面。隱修者無可避免地會成為社會批評者，因為在自我反省時，他會發現病態社會的根源。同一道理，革命者難以避免地會面對個人的人類處境，因為他在爭取新世界時，同時會發現自己正與隨之而起的恐懼和虛假野心作戰。

隱修者跟革命者都要拋開安全感及保護的自私需求，且要無懼地面對自己及世界的可悲光景。我們這個時代的偉大革命者和知名的默觀者，為了讓核子人自癱瘓中得著釋放而走在一起，就不足為奇了。他們的個性也許有異，但異象卻相同，這促使他們徹底自我批判，並激烈行動。這異象能夠修補過去與將來的「斷裂關係」（利夫頓），統一割裂的意識，跨越必朽生命的限制；這異象能夠叫我們創造性地抽離自己和世界，並幫助我們超越人類困厄的藩籬。

對隱修者也好、革命者也好，生活意味突破籠罩人生的網羅，以及追隨那呈現我們眼前的異象。無論我們怎樣稱呼這異象也好——「聖者」、「守護神」、「靈」或是「天父」——我們依然相信，悔改和革命一樣，力量都是來自我們自身創造力以外的源頭。

對基督徒來說，耶穌已實實在在顯明，人追求試驗性的超越時，悔改與革命絕不能夠分家。祂在我們當中的表現，已絕對表明，改變人心和改變人類社會不是分開的工作，而是有如十字架的兩條木塊，互相聯結的。

耶穌是革命者，卻不是極端主義者，因為祂獻出的不是意識形態，而是祂自己；祂也是隱修者，卻不曾利用與上帝的密切關係，迴避當時的社會惡事，反而震動了當時社會，甚至因而被視作反動，遭到處決。在這方面來說，祂同時是核子人解放與自由之路。

小結

我們已看到核子人的困境，其特徵是與歷史脱軌、殘缺不全的意識形態，以及對新永生的追尋。我們發現了兩種超越自己的進路，其一是神祕之路，另一是革命之路。最終我們看到，對基督徒來説，耶穌清楚顯示這兩條進路並不相衝突，反而是試驗性超越這方式的兩面。

我猜你將會難於斷定自己是隱修者或革命者，不過，你放眼張望、細心聆聽時，你會在你們中間辨認出祂來。祂有時全然顯露，甚至教人吃不消；有時卻若隱若現。你會在游擊隊員眼中、舉著罷工標語的激進分子或孩子眼中尋著祂；你會在咖啡室角落彈吉他的恬靜造夢者身上、友善修士的溫和聲線中、全心全意溫習的學生憂鬱笑容中意識祂的存在；同樣，一個母親容許兒子選擇艱辛的前路時，一個父親為孩子朗讀一本奇異的書時，一個少女高聲大笑時，一位年輕貴族憤慨時，一名黑豹幫成員狠起心腸時，我們都看到祂。

你會在自己的城市、家庭，甚至內心的奮鬥中尋著祂，因為祂活於每一個從異象汲取力量的人裏面。這異象在這些人生活的天際有如初升旭日，導引他們走向新世界。

這新世界填滿我們的夢想，指引我們行動，鞭策我們前行，即使風險極大，也在所不惜；與此同時，我們的信念愈來愈頑強，有一天人類會得著自由——自由地去愛。

2 無根一代的牧養事工

洞察逃亡者的眼神

引言

為了給未來的牧養事工定下正確的基調，我想以一個故事開始。

一天，一個年輕的逃亡者，為了躲避敵人，逃進一條小村莊。那裏的人恩慈地待他，並給他地方棲身。可是，追捕逃亡者的士兵問及他的藏身之所時，眾人都害怕起來。那些士兵恐嚇他們，除非在黎明前交出那個年輕人，否則放火燒村，殺光所有村民。村民走到牧者那裏，謀求解決良方，那個牧者左右為難，一是交出年輕人給他的敵人，一是全村付上生命的代價。他於是回房讀經，盼能在黎明前得著答案。過了多個小時，他在大清早看到這句說話：「一個人死總比所有人死更好。」

接著，那牧者合上聖經，把士兵叫來，說出男孩藏身之處。士兵領那個男孩往處決後，全村舉行慶祝會，因為牧者救了他們的性命。不過，那牧者沒有出席，他內心滿是憂傷，呆在自己的房間。那一夜，一位天使來訪，問他：「你做了甚麼事情？」他答：「我把那個逃亡者交給敵人。」接著，天使說：「可是，你知道嗎？你把彌賽亞交給敵人了。」「我怎曉得啊？！」牧者焦慮地回覆。接著，天使說：「如果你不讀聖經，反而探望這年輕人一次，看看他的眼神，你定必曉得。」

雖然這個故事版本十分古老，不過，它卻似乎是最現代化的故事。那個牧者若把視線移離聖經，投向那青年雙眼，他已經能認出彌賽亞。像那個牧者一樣，我們都受著同樣的挑戰，要探索今天青年男女的眼神。他們已逃離我們殘暴的作風。也許，這足以阻止我們把他們交付敵人，從而能夠把他們自躲藏的地方引領到他們的羣體之中，在那兒，他們能把我們從恐懼中拯救出來。

這樣看來，我們似乎是面對兩個問題。第一，明天的男男女女在今天是甚麼模樣？第二，我們能夠怎樣領導他們，好使他們能拯救其他的人？

I．明天的男男女女

假如我們常認為今天的男女都是戴維·里斯曼（David Riesman）所言的孤寂羣眾的無名成員，那麼明天的男女將會是這孤寂羣眾的下一代。我們看著年輕人雙眼時，最低限度能夠一睹他們世界的輪廓。基督徒領袖觀會受著最少三樣未來男女特徵的形塑：內向、沒有父親，以及痙攣。未來的牧者必須在個人反省及製訂計劃時，認真審視這些特徵。

我們也許可以稱這一代為內向的一代、無父的一代，以及痙攣的一代。且讓我們看看這些特徵能夠怎樣幫助我們更加明白未來的男女。

1. 內向的一代

在一篇一九六九年十月出版的報告，傑弗里．哈登（Jeffrey K. Hadden）就著當時大學生的情況提出，形容下一代的最貼切詞彙應是「內向的一代」。這代人視個人事務為絕對的優先，並且明顯地傾向與外界隔離。有些人以為我們的青年活躍非常，常舉著標語穿州過省示威、遊行、罷工、罷課、靜坐等，這些年輕人只會以其他詞彙自稱，卻不會採用內向這個詞；但是，他們準要大吃一驚了。

然而，第一印象通常不是正確的印象。先讓我描述阿姆斯特丹一個著名青少年中心的近期發展。最近，這所名為幻想（Fantasio）的中心，以其如夢似幻的氣氛吸引了世界各地上千計的年輕人。

幻想中心由多個小房間組成，布置舒適，同時予人虛幻的感覺。年輕人留著長髮，蓄著長鬍子，穿著由破舊禮儀服飾連綴的彩色衣裝，靜靜地坐著那裏抽煙，嗅香氣，沈醉於令人血脈沸騰的搖滾節奏中。

不過，情況已大大改變，年輕領導人掃除了一切虛幻的刺激元素，把中心重建為樸實異常、且多少有點莊嚴的地方，並把中心名字由幻想中心改為宇宙默想中心。他們在自己出版的第一期報紙上寫道：「剪去長髮，刮掉鬍子，穿上簡樸衣服，因為我們日後要認真生活。」集中精神、默觀、默想已變成這地方的重要字眼。習瑜珈的開設控制身體的課程，會員花很多時間坐下討論莊子和東方神祕宗教，基本上，每個人都在尋求走向內程的道路。

我們也許很容易把這羣人的行為視作所有現代社會的、無關痛癢的古怪現象。可是，哈登卻指出，這種行為是某種更普遍、更基本和更具影響力事情的病徵。他們相信「外面」和「上面」沒有甚麼實質東西可以掌握，也沒有任何事物可以教他們擺脱猶疑與混亂，所以才會有上述行為表現。沒有權威、沒有機構，又或外在的具體現實，能把他們從焦慮和孤單中釋放出來，讓他們得著自由，所以，惟一出路就是內在的進路。如果「外面」和「上面」都沒有甚麼，或者「裏面」有些甚麼；也許在個人自我的最深處隱藏著意義、自由和合一的奧祕答案。

德國的社會學家謝斯基（Shelsky）説，我們的時代是個不斷反省的時代。這種不斷反省已成為生活的核心，取代了告訴我們怎樣思想、怎樣行的實在權威。信條是隱晦的事實，人要於內在的意識發掘它們，以此作為自我了解的來源。謝斯基説，現代人的腦袋恆常處於自我反省的狀態，愈來愈深入個人的生命核心。

然而，這做法會引領我們走向哪裏呢？這向內、自省的一代到底孕育甚麼模樣的人？哈登寫道：

前景既兇險也樂觀。假如向內發掘自我，只不過是使自己更敏感和誠實的步驟，那麼我

> 們社會對青年人的無限信心應該可以成立。可惜，目前內向的狀態和形式似乎不受任何社會規範和傳統約束，並且幾乎忽視對別人應履行的責任。（*Psychology Today*，1969年十月號）

哈登肯定不會認為內向的一代快要復興默觀生活、開創新的修道形式。他的資料首要顯示的是，這種內向可能招致獨善其身的形態，這種形態不單是反權威、反建制的，也是非常自我中心的，只是極度關注物質享受，及即時滿足當下的需要和欲求。然而，「內向」不一定導致獨善其身。在自我深處所發現的新事實很可能被「塑造成改造社會的獻身」。未來一代的這種「內向」，一是可能發展為更嚴重的虛偽；一是有助發現肉眼不見的真實，這發現能引導人走向新世界。這種「內向」的未來發展方向，很大程度上取決於牧者怎樣牧養內向的一代。

2. 無父的一代

很多人自稱為父親，或允許別人稱自己為父親，當中包括教宗，甚至是修院院長，以至千萬計傳福音的牧者，他們得認清事實，人總是不愛聽父親的話。我們面對的一代，有雙親卻沒有父親，很多人都自稱權威——只因他較年長、較成熟、較聰穎或更有權力

——可是，他們一開始就備受質疑。

曾有一段時期，在很多方面，我們身邊充斥著笨拙舉動，因為男性的身分、氣質和能力只不過是高高在上的父親給予的。我出色，只因我在上的長者拍拍我的肩膊；我聰明，只因某些長者給我極佳的評分；我重要，只因我在某所著名大學接受某位有名教授指導。簡而言之，其中一位長者認為我是怎樣的人，我就是怎樣的人。

我們已經可能預計未來的一代會抗拒以上的看法，因為我們已經承認，一個男人的價值不在乎長者的施予，然而，他又根據甚麼塑造自己呢？這可能是我們期望的情況，因為我們曾說過，信心不純是接納多個世紀以來的傳統，反而是從傳統中萌芽生長的態度；自從我們開始說，男人有自由選擇自己的未來、自己的工作、自己的妻子，我們已預期這一切。

今天，眼見整個成人、長者的世界無助地面對著原子戰爭、災難性貧窮和大饑荒的威脅，未來的男女清楚知悉，沒有一個父親因著多活幾年，就能夠告訴他們做些甚麼。一隊英國流行樂隊大聲疾呼：

先知們寫著字的牆垣，
裂縫愈來愈大。
在死亡的工具之上，
太陽發放著耀眼光芒。
惡夢和夢想

撕裂所有人，
寂靜淹沒了叫囂之際，
會有人安放桂冠嗎！
(Robert Fripp, Ian McDonald, Greg Lake, Michael Giles & Peter Sinfield, "Epitaph", New York: Tro-total Music, Inc., 1969)

這就是未來一代所目睹的，他們知道對前輩不可有期望。他們看透了成人世界後說：

我在外看著裏面。
我看到甚麼？
四周滿是混亂和幻象。
我不屬你，
千萬別刺激我，
免得我心煩意亂。
你不能教導我
或領導我，
免得浪費我的時間。
(Ian McDonald & Peter Sinfield, "I Talk to the Wind", New York: Tro-total Music, Inc., 1969)

惟一的法子就是自己想辦法，既不對長者驕傲，也不輕視他們，反而誠惶誠恐地迎接完全的失敗。然而，他們寧願要失敗，也不願相信那些在他們眼前已經敗下陣來的人。他們在一首現代歌曲裏找著自己：

我在一條崩裂破碎小徑匍匐前進之際，

混亂將是我的墓誌銘。
假如我們成功，
我們全都可以坐下來大笑，
不過我恐怕明天我會哭，
是的，我怕明天我會哭。
(Fripp, McDonald, Lake, Giles & Sinfield, "Epitaph")

這充滿懼怕的一代既排斥他們的父親，也抗拒任何自稱權威的個人和組織的合法性，然而，他們正面臨新的危機：成為自己一代的俘虜。里斯曼指出：「成人的權威瓦解之際，青年愈來愈互相俘虜⋯⋯成人的控制消失時，青年的互相控制愈見加劇。」（*Psychology Today*，1969年十月號）朋輩取代了父親，成為了標準。許多年輕人對成人世界老闆的要求、期望和投訴視而不見，反而對友儕就著自己的感受、想法和說法高度敏感。長輩驅逐或放棄他們，他們滿不在乎；但是，他們想躋身的朋友小圈子開除他們時，他們會覺得難以承受，很多年輕人甚至成為同輩暴政的俘虜。他們在長輩前表現得滿不在乎、隨隨便便，甚至外表骯髒，他們的滿不在乎多是精心斟酌的表現，他們的隨隨便便是鏡子前研習的成果，他們的骯髒外貌是細致模仿朋友而來的。

不過，父輩的暴政跟朋輩的不一樣；不追隨父輩，有別於不依朋輩期望而生活；前者是違抗，後者卻是不合模；前者引發罪疚感，後者產生羞恥感。在這方面來說，罪疚文化明顯轉向了羞恥文化。這轉移有著深遠的後果，因為如果青少年不再企盼變為成人，接替父輩的地位，而且主要的動機是跟朋輩羣體合模，那麼，我們也許正目擊以未來為取向的文化的消亡，或是，用神學的術語來說——末世論的終止。於是，目下所視，再沒有年輕人熱切渴想離開安全地方，遠赴父親那有許多房間的居所；再沒有年輕人盼望踏足應許之地，或見一見等候浪子的天父；再也沒有年輕人竭力爭取天上寶座的右邊或左邊的一席位。所以，留在家裏，跟小團體保持一致，呆在一起，更形重要。然而，這豈不是對現狀的絕對擁抱。

未來一代的這種觀點，正向明日的基督徒領袖提出嚴峻考驗。但是，若我們不先仔細審視未來一代的第三種特點——不知所措，那麼，未來的基督徒領袖觀將會以一種片面的景象作為依據。

3. 不知所措的一代

未來一代的「內向性」和「無父性」，也許導引我們期望一個非常平靜並滿足的未來，人們保存現狀，而且努力認同自己的小團體。不過，我們必須理解一項事實，這些性質與青年人對身處的社會的深深不快有著密切關連。許多青年相信在身處的世界有些事情極為錯謬，若與生活的現存模式合作，就是出賣自己。

我們到處都見到坐立不安和神經緊張的人，他們不能專心一意，並通常愈來愈沮喪；他們覺得一切都不對勁，可惜找不著可行的取代方法。所以，他們沮喪失意，通常的發洩方法是漫無目的之暴力，只有破壞卻動機不明；他們或是自暴自棄，與世隔絕；其實上述兩類行為與其說是新理想的結果，不如說是抗議的表示。

在比夫拉（Biafra）衰殘政府結束*後不久，兩個法國高中男孩——十九歲的羅伯特（Robert）和十六歲的賴吉思（Regis）——自焚身亡，並呼籲同輩幹同樣的事。他們的父母、牧者、教師和朋友接受訪問後，大眾得悉一項可怖的事實，原來這兩個多愁善感的學生，覺得人類沒有前景，景況悲慘，而成人又無法叫人相信世界將會更美好，所以選擇引火自焚，以作為最終的抗議方式。

為了更了解此類學生的潛在感受，讓我引述一個學生的一封信，他已終止求學，目前正尋找新世界。在一九七〇年一月他給母親的一封信中，他說：

*編註：一九六六年，尼日利亞北部的伊博人遭豪薩人大量屠殺，百多萬伊博人逃往東部。次年東部首領宣布成立比夫拉共和國，惟尼日利亞政府拒絕承認，雙方因而發生戰爭，後來比夫拉因軍隊連連敗北而於一九七〇年亡國。戰爭期間法國曾運送武器支持比夫拉。

> 社會強逼我過一種不自由的生活，並要我接受毫無意義的價值觀。我難以忍受現存社會的一切，不過，因為我同情一塊兒生活的人，仍設法尋找改善方法。我無法不探索為人的意義，和追尋生命的源頭，教會中人稱之為「上帝」。你可看見，為求自我實踐，我正走著一條艱辛的道路，不過，我很自豪，我很少按他人的期望過所謂「正常發展」的生活。我真的不希望自己平平無奇、拘泥於習俗傳統，以及鄰舍閒話。

對我來說，這封信的確捕捉到許多青年的感受。他們同樣對世界不快，強烈渴求改變，可是，他們深深懷疑自己能否比父母勝任，況且他們完全缺乏異象及觀點。在這種框框之內，我想很多錯誤及無理取鬧的行徑都不難理解。一個人若覺得自己有如置身陷阱的野獸，那麼他也許會變得危險和具破壞力，因為他的恐慌令他舉止漫無目的。

那些手握權力的人往往誤解這種不知所措的盲動行為，並且覺得社會不應受到青年抗議的攪擾。他們不了解這種騷動背後的巨大矛盾感受，沒有提供創造的機會，反而促使社會兩極分化，甚至把努力辨別人生價值的青年愈推愈遠。

同情青年的成人同樣誤解了青年的用心。在一篇有關校園激進學生的文章裏，里斯曼指出：

> (很多) 成人怕予人古老或僵化的想法，於是站在青年那一方，卻沒有看清楚後者的矛盾底蘊，於是，他們不但幫不了甚麼，反而導致同輩施加更大壓力而已。我預料，一些自以為站在學生那邊的講師，在學生敵視他們的時候，特別是那些過去特別寬容的講師，定必會遭受嚴重打擊。(*Psychology Today*，1969年十月號)

未來一代正在尋求一個異象，一個可投身的理想——若果你喜歡的話，可稱之為「信仰」。可惜的是，他們激烈的措辭常受到誤解，被認為是一種威脅或強硬的信念，而不是另類生活方式的呼求。

內向、無父和忐忑不安——這三種今天青年的特性刻劃了未來一代的初步面貌。現在，我們可以追問，對一個打算在明日世界作基督徒領袖的人，我們到底有甚麼期望。

II．明日的領袖

我們對未來基督徒牧養事工加以診斷，並了解其意義時，似乎有三種角色值得特別關注：(1) 說明內心事態的領導人；(2) 憐憫的領導人；(3) 默觀的批評型領袖。

1. 説明內心事態的領導人

內向者面對的是嶄新的、且通常是戲劇化的工作：他必須與內在的巨大能量協調。因為「外面的」和「上面的」上帝已在許多世俗的架構解體了，所以內在的上帝受到前所未有的關注。正如外面的上帝，既可是慈愛的父親，也可是可怖的惡魔，內在的上帝不單可以是建立生命的新源頭，也同時可以是混亂困惑的因由。

西班牙隱修者大德蘭和十架約翰最大的苦惱，就是欠缺靈程指引，以引領他們走在正路，好使他們有能力分辨建立生命的靈和破壞的邪靈。我們差不多不必強調內在生活實驗有多危險，藥物以至林林總總的集中練習和內省方式，通常弊多於利。另一方面，我們愈來愈清楚看到，有些人迴避痛苦，不與不可見之物接觸，可是他們卻註定變得傲慢自大、枯燥沈悶、空洞膚淺。

所以，明日的牧者最首要和最基本的任務，就是在人們進入這新內在世界時，協助他們澄清可能出現的極大混亂。教人痛心的是，大多數基督徒領袖真真正正被邀作屬靈領袖時，在在都證實他們裝備不足。他們大多數習慣了大規模的組織、召喚人羣進入教堂、學校和醫院，並負責各種節目，有如馬戲團指揮一樣。他們對靈的深邃和重要工作，愈來愈陌生，甚至有點兒害怕。我恐怕在數十年後，人們會指出教會在最基本的工作上失職，也就是沒有為人提供與人類生命之源相通的新道路。

然而，我們可以怎樣避免這危險呢？我想，別無他法，惟有自己先進入生命的核心，從而掌握複雜的內在生命。待我們熟悉了自己居所，發現了黑暗角落和明亮空間、緊閉的門和通風房子，我們的困惑將會消散，憂慮將會減少，到那時，我們就有能力從事建立生命的工作。

這處的關鍵字眼是「說明」。一個人能夠清楚道出他內在生命的動態，能夠識別不同的經驗，就不用再成為自己的受害者，反而能日漸持久地除去聖靈內住的障礙。他能夠為上主營造空間，而上主的視野比他的廣闊，上主的手比他的更有醫治大能。

我深信，這種清楚的說明是未來屬靈領袖的基礎，因為只有能夠表達自己個人經驗的人，才能協助他人去澄清一切。所以，基督徒領袖應先願意整理自己明言過的信仰，才以信仰服務求助者。在這種意義來說，他是所有僕人的僕人，因為他是頭一個進入既蒙應許、又隱伏危險之地，第一位把別人害怕的，卻是自己所見、所聞、所觸摸的說出來。

這也許聽來過分理論化，不過，具體的結果明顯易見。在現實生活，牧者的一切工作職務，如牧養協談、講道、教導和禮儀，正是設法使人明白上帝在他們中間的工作。基督徒領袖，不論是牧者或信徒領袖，不是要向他人顯示上帝——把自己「有的」給「沒有」的——反而是要協助人追尋「真實」，並以「真實」為生存之源。按這種意義來說，我們可以說，教會領導人是要引領人懺悔；按傳統的角度來理解，即是基本地承認人是人、上帝是上帝，並且沒有了上帝，人不能被稱為人。

就此而論，牧養協談並不是純熟地利用交談技巧，操控他人進天國，而是人與人的深切接觸，即是在面對那些欲衝開混亂、摸索生命真正核心的人時，牧者願意把自己的信心與懷疑、盼望和失望、光明與陰暗面說出來，好讓他們參考。就此而論，講道不純是傳授傳統，反而是小心敏鋭地說出信仰羣體的當下情況，好叫聆聽者能夠說：「你說的正是我所猜想的，你表達的正是我隱約感到的，你坦白提出來的正是我藏在腦海的。對了，對得很，你說的正是我們，你明瞭我們的處境。」

一個傾聽者能夠說出這番話的時候，其他人接收上帝聖言的大門就大開了，牧者更不用擔心上帝聖言會否被接受了；特別是對年輕人而言，他們不用再逃避恐懼和盼望，反倒能在領導者面貌中看到自己。他將會令他們了解救恩的言語，在過去，他們覺得這些言語來自一個奇怪且陌生的世界。

就此而言，教導不是意味一再重複老舊故事，反倒是提供渠道，好讓人能發現自己、澄清辨明個人經驗，以及為上帝聖言找到既恆久又適當的位置。最後，依此而論，禮儀絕不只是儀式那末簡單。假若禮儀的領導者能夠道出喜樂與憂傷彼此觸碰的交接點，以作為慶祝生命與死亡的場景，那麼，禮儀就成為真正的慶典了。

因此，未來基督徒領袖最首要、最基本的工作，就是引領他的受眾離開混亂，進入盼望之地。這樣，他必須先有勇氣探索新境地，並清楚說出他的發現，以此服事內向的一代。

2. 憐憫

在談論「說明」這種領導方式時，我們已差不多提及未來領袖應站的位置。不是在「上面」，或遠遠抽離，或祕密藏匿，反而是要在會眾中間、最當眼的地方。

如果我們現在知道，新一代不只是要求「說明」的內向一代，還是尋找新權威的無父輩一代，那麼，我們就必須衡量這種新權威的本質將會是甚麼。要描述其本質的話，我找不到比「憐憫」更恰當的字眼。憐憫必須是權威的核心，甚至是權威的本質。若基督徒領袖要在未來一代中間成為屬上帝的人，他必須能將上帝對人的憐憫（見於耶穌基督）變得可信可靠。

富憐憫心腸的人會站在自己的會眾中，但是，卻不為同輩的合模壓力所羈絆，因為他在憐恤之中既能避免冷漠，又能免於過分同情。當我們發現，在生存的核心，不只上帝是上帝，人是人，而我們的鄰舍確實是同路人，憐憫就自然而生。

藉著憐憫，我們就可以體會人們渴求愛的感受，同樣深藏我們心底；同樣可知道世界上有目共睹的殘酷事實，也植根於自己的衝動。藉著憐憫，我們感受到，朋友眼神中流露著我們對寬恕的企盼，嘴唇說出我們的憎恨。他們殺戮的時候，我們知道自己也有可能幹同一回事；他們捨命的時候，我們知道自己也會照樣做。對一個富有憐憫心腸的人來說，一切屬人的，他都不陌生，一切喜樂哀傷、一切生活與死亡的方式，他也有分兒。

這樣的憐憫才是權威，因為它不忍受團體內部的壓力，反而打破語言和國家的界線、貧富的階級分別、有知識與無學識的差別。這種憐憫把人們拉出可怕的黨派，推向廣闊的世界，好讓他們看到每一張人類臉孔，皆是鄰舍的臉孔。這樣，憐憫的權威，就是人有寬恕弟兄的可能性；因為他已在自己內心發現朋友的軟弱、敵人的罪惡，並且願意承認每個人都是他的弟兄，所以他能真真正正的寬恕他人。沒有父輩的一代正尋覓弟兄——那些能挪去他們恐懼和焦慮的弟兄、那些能開啟他們狹隘思想之門的弟兄，和那些能向他們展示人與人有可能互相寬恕的弟兄。

憐憫別人的人指示了寬恕的可能性，他同時能幫助他人脫離羞恥鎖鍊的捆綁，讓他們經歷自己的罪咎，並使他們重新對未來有盼望。在那裏，羔羊和獅子會安然同眠。

然而，我們必須留心未來牧者會遇上的嚴重試探。每一處的基督徒領袖，不分男女，愈來愈意識到特別訓練和生命陶造的需要，這需要是真實的，而牧職專業化的渴求也是可理解的；不過，箇中危機是，未來的牧者可不理會靈命的自由成長，反而自陷於個人才能的複雜處境，以其專長作為借口，避過了費神的培育憐憫工夫。基督徒領袖的任務，就是讓人發掘自己最好的，並引領後者邁向更富人性的羣體；箇中危險是，他擅長判斷的眼目變成了冷漠和仔細的分析，同行的憐恤眼神倒消失了。假如明天的牧者以為下一代領袖難題的解決之道，在於更多技能訓練，他們最終會比今天的領袖更灰心、更失望。更多的訓練和架構，正如飢餓的人需要麵包一樣，實屬必要；可是，只有麵包，沒有愛心，換來的可能是戰爭而不是和平；只有專業手法，沒有憐憫，寬恕會化成把戲，將臨的天國會成為騙局。

我們現在要看看未來一代領袖的最後特性。若他不欲單單成為專業隊伍的一員，只以技能服事人；若他真的想把人從迷惘領向盼望、從混亂引向和諧，他不單必須能「說明」內在生命、能憐憫他人，更必須打從心底裏過默觀生活。

3. 成為默觀者

我們已經提及過，內向、沒有父輩的一代亟欲改變他們居住的世界，可是，面對無可選擇的光景，卻顯得舉棋不定、忐忑不安。基督徒領袖能怎樣把他們爆炸性的精力導引向建設性的渠道，讓他們改變世界？聽起來可能教人驚訝，甚至前後矛盾，但是，我仍認定，未來基督徒領袖要思想的，就是怎樣成為一個默觀的批判者。

我希望能避免有關「默觀」的某方面聯想，諸如活在四堵牆內，與摩肩接踵的世界隔絕。在我腦海中，默觀極其活躍而不抽離，有著振奮人心的本質。然這需要一些解說。

一個人不知道自己走向何處。或走向甚麼樣的世界，也不清楚把孩子帶入這混亂無常的世界，究竟是殘酷或是愛心的舉動，那麼，他往往容易變得冷嘲熱諷。他嘲笑忙碌的朋友，卻沒有更好的提議；他凡事都看不順眼，抗議一番，卻不知道捍衛的是甚麼。

然而，教會牧者在內心發現了聖靈的聲音，並且心懷憐憫重新認識身旁的友儕後，便能夠以不同方式去看他們所遇到的人、所開展的接觸、所牽涉其中的事件。他也許揭示日常生活表象背後新世界的初貌。作為一個默觀的批判者，他與事物保持一定距離，以免為最緊急最迫切事物所羈絆，不過，這種距離卻能讓他把人及其世界的美麗呈現出來；一個日日不同的世界，永遠有著吸引力，歷久常新。

基督徒領袖的工作，不是緊張地東奔西跑去救贖人、在最後一刻施救、把人拉進正軌，因為我們早就一次而永遠的得救了。基督徒領袖蒙召，是要協助他人確認這大好信息，讓他們在日常生活中，看到痛苦病徵的污穢布簾後的偉大事實：上主的面容，我們是按祂的形象受造。這樣的話，默觀者就可以成為躁動世代的領袖，因為他能破滅要得著「急切滿足」的「急切需求」這惡性循環。他能夠引領那些願意超越衝動的人，協助他們把無常的精力納入建設性的渠道。

在這裏，我們可以看出，未來的基督教牧者絕不能單單被視為幫助個人適應困境的牧者。事實上，一個具有批判性默觀生活的基督徒領袖，實質將會是個革命者。因為他試驗一切所見所聞所接觸的，看看箇中福音真義，所以他能夠改變歷史軌迹，帶領會眾脫離他們躁動不安的景況，進入締造美好世界的行列。他不用常常舉著示威標語牌，以便歸屬那些只有沮喪、沒有理的羣眾；也不輕易認同那些要求更多保障、更多警察、更多法規和更完善秩序的羣眾。不過，他會批判地審視事件，根據自己召命的洞識作決策，而不是因著聲望的欲求或被人棄絕的恐懼而回應。他會批判抗議者，甚至是尋求平靜的人，假如他們的動機錯誤，又或目的成疑的話。

默觀者既不渴求也不貪求人際接觸，在這個渴求擁有的世界，他受著一個異象引領，視野超越了一切塵世瑣事。他不會隨著潮流浮浮沈沈，因為他接上的，是基本的、核心的及終極的。他不讓任何人崇拜偶像，並不時邀請同儕查問真正的、通常教人痛心和不安的問題，也要求他們看清平穩生活背後的真相，以及請他們剷除一切攔阻他們進入事物核心的障礙，默觀批判者戳破操控世界的幻象面具，並有勇氣指出真實情況。他知道很多人視他為蠢貨、瘋子、社會的危害和人類的威脅。不過，他不畏懼死亡，因為他的異象已使他超越生死的界線，也使他無制肘地完成此時此地應做的事情，無視箇中的風險。

尤其重要的是，他將會在自己置身的環境尋覓盼望和應許的記號。默觀的批判者觀察力敏銳，他注意到小芥菜種子，並且相信「等到長起來，卻比各樣的菜都大，且成了樹，天上的飛鳥來宿在它的枝上」（太十三32）。他明白，要對未來更美好世界有盼望，當下該有可見的標記，他絕不會為了未來咒罵現在。他不是天真樂觀主義者，妄想受挫的欲求在未來得著補足；他也不是苦毒悲觀主義者，不斷複述著：過去的事讓他學曉，日光之下無新事；他倒是一個有盼望的人，信念頑強，深信現在看到的，只是鏡子的隱約倒影，但終有與未來迎面相遇的一天。

基督徒領袖若能夠言說心靈動態，且可以帶著既批判又憐恤的目光默觀世界，他大可期盼，躁動不安的一代不至選擇死亡，以作為終極絕望的抗議方式，反而會選擇新生活——他讓他們看到的頭一個盼望的記號。

小結

我們凝視青年逃亡者的目光。就會發現他內向、沒有父輩和躁動不安。我們不想把他交在敵人手裏而遭處決，反而想引領他到村中央，認出他就是可怖世界的救贖者。要成就這工作，我們不得不成為言說內心世界、憐恤別人和操練默觀的人。

這任務是否太吃重？假如我們以為靠自己個別完成的話，那麼，真是太吃重了。若有甚麼在今天愈來愈清晰，那肯定與領導有關，領導是一項同甘共苦的召命，其發展有賴羣體的緊密同工，當中的男男女女成員都能使彼此體會德日進（Teilhard de Chardin）所說的，「對於一個明白事理的人，沒有甚麼不神聖的事不可說」。

說了一大堆內容，我發現自己只不過在重新描述一項事實，基督徒領袖在未來應該跟過去沒有分別：

一個禱告的人，一個必須禱告的人，一個必須不住禱告的人。我在此刻提出這簡單事實，也許出人意料，然而，我希望我已成功自這個常被濫用的名詞，剔除一切動聽的、敬虔的、教會的色彩。

歸根究柢，一個禱告的人，是一個能在他人身上認出彌賽亞面容的人，他能使隱藏的顯露、遙不可觸的成為咫尺可及。一個禱告的人正正就是領袖。因為藉著言說上帝在他內心的工作，他能把別人自混沌帶向清明；藉著憐恤，他能把他人自他們依附的小團體封閉圈子，引向人類的廣闊天地；藉著批判性默觀，他能轉化別人躁動不安的摧毀傾向，使他們投身未來新世界的建設工作。

3 牧養絕望的人

等待明天

引言

每逢我們想到領袖，總是想到一個帶領羣眾的人；他主要提供意念、建議或主張。於是，我們想起甘地（Mahatma Gandhi）、馬丁・路德・金（Martin Luther King）、甘迺迪（John F. Kennedy）、韓瑪紹（Dag Hammarskjold）、戴高樂（Charles de Gaulle）——他們都在現代歷史裏扮演舉足輕重的角色，一直為大眾注目。然而，我們研討一個基督徒可尋求怎樣的領導時，有時似乎最好從身邊著手，這樣，當事人便沒有逃避的藉口，說自己不是致力改變世界的材料。

任何男女多多少少都正對他人行使領導權。在父母子女、老師學生、上司下屬等關係中，我們可發現很多不同的領導方式。在一些非正式場合——運動場、街頭黨派、學術和社會團體、康樂體育會所——我們也可察覺領導的實施與接受方式怎樣影響著我們。

在這一章，我打算著重涉及領導的最簡單架構：兩人之間的接觸。在這一對一的關係中，我們看到彼此的領導，當中包括由一觀點到另一觀點、一種看法到另一看法、一項信念到另一信念。我們不需要提及希特勒（Hitler）或甘地等名字，以顯示這種領導有多大摧毀性或建設性。即使在兩人之間的簡單對話，領導可以是生與死的問題。事實上，正是在這一對一的接觸，我們發現了一些基督徒領導原則。這些原則同時對更複雜的領導關係有意義。

且讓一位住院病人和探病者的簡短對話，作為我們討論的起點。這位病人四十八歲，姓夏利遜，是個舊式農場的工人，個子高大，外表粗獷，不善辭令。他成長於簡單的浸信會家庭，為了腿部手術，入住大城市醫院，卻感到不適應、迷惘。他患的是大動脈衰竭。探病的是神學生約翰．阿倫，正跟隨院牧作為期一年的院牧訓練。

這是約翰的第二次到訪。病人身處病房中央，坐在輪椅上，房裏還有其他病人，有些病人在聊天。他們就這樣談起來了：

約翰：夏利遜先生，我……我前些日子曾探望過你。

夏利遜：是的，我記得。

約翰：一切可好？

夏利遜：好的，讓我告訴你。他們上星期本來要為我動手術，打了麻醉藥後，推我到那兒；我心跳過快，他們接著決定暫時不開刀。他們送我回這裏，我想明天會動手術吧。

約翰：你說你心跳加快了？

夏利遜：是啊！他們認為那樣動手術太冒險了。〔稍停〕我想我可以動手術了，我認為我撐得住的。

約翰：你覺得自己準備好了。

夏利遜：喲，我還沒有準備死，只不過認為手術非動不可，不然就丟了雙腿。

約翰：你還沒有準備面對人生終局，不過要盡力做一點事情，好保住雙腿。

夏利遜：對〔點頭〕。假如這就是了結的話，那我就完蛋了。

約翰：假如手術失敗，你認為結果就是完蛋了。

夏利遜：不錯！他們當然說手術不太複雜。他們打算在這兒給我注射麻醉藥，我就一直躺在這裏，直至他們推我進手術室。他們說放一些塑膠管子進身體，就能保住雙腿。你看看我的腳吧〔脫了鞋，露出腳〕，我站立的時候，這腳趾就會變藍。他們大有可能從腳踝這裏鋸下去，只有這樣，他們也許能保住我的腿。

約翰：假如你還能夠用雙腿，手術是值得的。

夏利遜：對啊。我當然不想在手術中死去。我寧願死於自然，也不願在麻醉中死去。

約翰：你知道在手術時有可能死亡，但你要復原的惟一方法便是動手術。

夏利遜：對，說的正是。

〔停頓一會〕

約翰：你出院後有很多事情要處理嗎？

夏利遜：沒有事也沒有人在等待我，只有艱苦的工作。

約翰：只是很多粗重的工作。

夏利遜：對啊，說得不錯。我當然要恢復體力。我估計到煙葉收成的時候，我已好得差不多了。

約翰：你要收割煙葉？

夏利遜：對啊，大概八月左右就開始收割。

約翰：嗯——嗯

〔停頓一會〕

約翰：好了，夏利遜先生，我希望你明天安然無恙。

夏利遜：謝謝。多謝你來看我。

約翰：我會再看你的，再見。

夏利遜：再見。

約翰沒有機會跟夏利遜先生再談話了。第二天，夏利遜先生在手術中死去。也許，我們最好說：「他從沒有從麻醉藥中醒過來。」

約翰的任務是在這重要關頭引領夏利遜先生，協助他進入新的明天。「明天」到底是甚麼意思呢？對夏利遜先生來說，明天意味他重新回到煙葉的工作，或者……進入死後的領域。

為了進一步了解基督徒領導的意義，我們將要更仔細研究夏利遜先生與約翰之間的晤談。我們先考慮夏利遜先生的處境，接著我們要提問，約翰可以怎樣引領夏利遜先生進入明天；最後，我們會討論這次會晤所顯示的主要基督徒領導原則。

I .夏利遜先生的處境

約翰探訪過夏利遜先生後，回到院牧督導那裏時，心內不快，甚至有點忿怒。他覺得夏利遜先生固執冷漠，不能好好地談正經事。他不認為夏利遜先生衷心歡迎他到訪，他的苦澀、並有點粗野的語氣，其實表示他對到訪者心存敵意多過感激。約翰大為失望，毫不猶豫就稱夏利遜先生為無可救藥，難以成為牧養的對象。

約翰的反應不難理解。他作為一個年輕神學生，十分期望跟病人談些有意義的話，從而提供盼望和安慰。不過，他灰心失望，覺得被拒，無所作為。只有在他開始寫下、閱讀、重讀他們的對話，又與督導討論實際發生的事情，他才開展一個必要的距離去了解夏利遜先生的痛苦處境。藉著這距離，他發現夏利遜先生置身於非人化機械化的處境，既恐懼死亡，又怕活下來。約翰在能夠真正施予援手之前，要深切體會的正是這種動彈不得的絕境。

1. 非人化的環境

一個神學生，順利由小學、中學升到大學，又進入了神學院，實在很難想像一個四十八歲的人躺在科技主導的現代化醫院的滋味。那必定像是到了另外一個星球，人們的衣著外貌、行為舉止，在在都怪異得教人恐懼。白衣天使效率奇高地清洗、餵病人，為病人換衣服；醫生手拿圖表，記錄病情，並以完全陌生的語言作出指示；很多掛著瓶子和管子的不知名機器；以及其他一切怪異的氣味、聲音和食物；在在都必定使夏利遜先生覺得自己有如小孩，在可怖森林迷了路。對他來說，一切都絕對陌生，一切都莫名其妙，一切都拒人千里外。這個靠勞苦工作自立自足的粗漢，突然發現自己成為許多陌生人物和手術的受害者，完全受擺布。他已不能控制自己的生活。一羣沒名沒姓的「他們」已接管一切：「他們……打了麻醉藥後，推我到那兒……他們接著決定暫時不開刀。他們送我回這裏……」

這番說話顯示，夏利遜先生覺得有奇異力量使他失去自己，腿部手術變成了另外一個世界的神祕操控。他存在與否已無關宏旨。

「他們打算在這兒給我注射麻醉藥，我就一直躺在這裏，直至他們推我進手術室。他們說放一些塑膠管子進身體，就能保住雙腿。」

對夏利遜先生而言，「他們」工作的時候，他的存在像是可有可無，個人自發性既無必要也無人欣賞，不用問也不必答，個人利益不受尊重也無人引發。根據夏利遜先生的經驗：「他們在辦事。」

約翰正正就在這種缺乏人性的環境，渴想提供院牧支援。

2. 恐懼死亡

約翰研究他與夏利遜先生的對話記錄時，他發現死亡才是病人關注的焦點。夏利遜先生多多少少意會到他的處境生死攸關。他在短短對談中三次提及對死亡的恐懼，當時約翰似是一再閃避這話題，或者至少遮掩這痛苦現實。

夏利遜先生恐懼自己死得不明不白，一次他沒有分兒的死亡——他對是次死亡一無所知，周遭握有權力的人卻一清二楚。

他必定已感到，要像一個人般死去，已大不可能：「我當然不想在手術中死去。我寧願死於自然，也不願在麻醉中死去。」夏利遜先生知道，他被帶進這個既機械化又難以理解的處境之後，他的死亡只不過是人類操控過程的一部分，他只能作壁上觀。他在絕望的談話中曾一度有過抗議。他——一個在田裏辛勤工作謀生的人——一直全靠自己的身體，知道自己有個人的死亡權利：一次自然的死亡。他過往怎樣生活，也願意怎樣死亡。可是，他的抗議不太強烈，他必然已知道他別無出路。那些「下麻醉藥」的人會使他在夢幻狀態中消散、逝去，不再存活。他知道，即使他死亡，他在人生最關鍵的這一刻也無法參與。手術中的死亡只是教夏利遜先生害怕的部分原因，他還害怕自己的死亡機會被剝奪，即是他不是死去，只是醒不過來而已。

然而，事情不是如此簡單。夏利遜先生還未想死，他曾兩度告訴約翰他極度失望，可惜約翰卻聽不見。當約翰說「你覺得自己準備好了」，指的是手術，夏利遜先生卻道出了心中真正的話：「我還沒有準備死……假如這就是了結的話，那我就完蛋了。」這句氣餒的話滿是痛苦和失望，我們只能夠猜測其弦外之音，或者，有些事情是約翰難以出口的，他想減少現實的難受。他說死亡是「終局」，且把「那我就完蛋了」改成了「結果」。約翰淡然處理了夏利遜先生的話，這樣，他避開了病人個人的痛苦。

沒有人能夠全然了解夏利遜先生的呼喊：「假如這就是了結的話，那我就完蛋了。」因為「完蛋了」的意思是甚麼，我們根本不知道，不過，他的浸信會背景，並他清苦孤獨的生活倒可指出，他也許已訴說了自己未蒙救贖的光景——面對地獄的永刑。這個四十八歲的男子漢，沒有家人，沒有朋友，沒有任何人可以聊天，沒有人了解或寬恕，獨自背負著痛苦的過去迎向死亡。他當時腦海裏浮現的是甚麼，我們不得而知，不過，一個像夏利遜這樣寂寞、這樣絕望的人，大概不可能根據過往根深柢固的經驗，意識到上帝的慈愛和寬恕。

再者，如果死亡的一刻通常使人回憶早年歲月，那麼，他孩提時期的浸信會講章——順從「世俗快樂」的人面對永刑的威嚇——定再度重現，既可怕又鮮明，逼使夏利遜先生在回想中，認定自己是「失落的那一個」。夏利遜先生或許已多年沒上禮拜堂，自孩童時代已沒接觸過教牧人員。約翰這位年輕的駐院牧者在他面前現身的時候，一切兒時的警告、禁戒與勸告好像又重臨，他長大成人後的罪過好像成了沈重的擔子，只會把他拉向地獄。

我們不知道夏利遜先生想的是甚麼，然而，我們沒有理由低估他言談中的痛苦成分。我們言辭中的「也許」和「或者」起碼能讓我們知道，一個人把四十八年的生活帶到審判日，到底是怎樣的一回事。

「我還沒有準備死。」這表示夏利遜先生還未準備來一次真誠的降服，他尚未有心理準備在信心與盼望之中交出生命，他當下的苦楚，比起生命盡頭所碰到的，實在微不足道。夏利遜先生真真正正地恐懼死亡，不過，他渴想活下去嗎？

3. 恐懼生存

很少病人在接受手術時不盼想復原。複雜的醫療事業之所以存在，為的是治療和復康，使病人重過「正常生活」。凡是到過醫院並跟病人談過的人都知道，

「明天」是即將回歸家園、再見舊友、重投工作、過正常生活的日子。一般人身處醫院，都盼想愈早離開愈好。醫生、護士和助手正是在這種情況之下——人類盼望的治癒能力之下——共同工作。

一個不願意離開醫院的人，必定不能配合醫院的宗旨，也限制了伸出援手者的能力。夏利遜先生曾否盡力恢復健康呢？我們知道他畏懼死亡，然而，這不代表他想活下去。回歸正常生活在某方面意味回到等候你的人那裏，但是誰在等候夏利遜先生呢？當約翰問「你出院後有很多事情要處理嗎？」，他感到夏利遜的孤寂。這問題剖開了一個很深的傷口，夏利遜先生答：「沒有事也沒有人在等待我，只有艱苦的工作。」

要一個健康年輕人體會沒有人關心自己死活的滋味，即使不是不可能，也是十分困難的。孤絕是人類苦難中最難受的一種，對約翰這年輕人來說，孤絕的經驗根本遠在千里之外。他可以跟上司商討，跟朋友交流；他的家人和所有人都關心他的福祉。相對地，一個無人掛念的人，只望在煙草行業幹粗活，要復原的惟一目的是為了有力氣收割煙草；生活對他又是甚麼一回事呢？生活絕對不會在他身體衰退的過程中抽去孤絕，那麼，夏利遜先生為甚麼要活下來？

只是再花幾年時間在炙熱的陽光下掙扎，賺取僅夠衣食的錢，直至別人認為他做不來而能夠「自然地死去」？死亡也許是地獄，不過，生存也好不了多少。

夏利遜先生真的不想活下去，他恐懼樂少苦多的生活，他的腿有毛病，他知道沒有腿也就沒有生活。可是，雙腿不能給他愛，只能讓他幹粗活，這委實是一個可怖的想法。

這樣看來，約翰所看到的夏利遜先生，正身處非人化的處境，既恐懼死亡又害怕生存。我們不知道夏利遜先生的病情有多嚴重，也不知道他有多大機會從手術中活過來。只是，夏利遜先生還未準備好，他不理解四周的情況，既不想死也不欲生；他身陷可怖的陷阱。任何的選擇都是可悲的，不是受詛咒入地獄就是被判做苦工。

這正是夏利遜先生的處境。像很多人一樣，他飽受身心精神癱瘓之苦，熱望斷絕，欲望堵塞，奮鬥受挫，意志被囚。他不再充滿愛和恨、欲和怒、希望和困惑，他已成為被動的受害者，完全不能主宰自己的歷史。當醫生的手觸及這處境中的人，接觸的只是一具不再說話的軀體、一具已放棄合作的軀體。他無法竭力贏取勝利，又或如果勝利無望，他也不能安然投降。在施手術醫生手下，夏利遜先生根本無名無姓。他自己也不有此要求，他已變成無名的軀體，甚至已失去生存的能力。這軀體已停止運作。

正如我們所知道的，夏利遜先生的個案並非獨一無二，很多人都成了自己生存形式的獄囚。很多男男女女不理解他們身處的世界，對他們來說，死亡，甚至生存，都教他們恐懼；夏利遜先生的處境也是這樣。

同樣，有很多男男女女跟約翰一樣，有理想，有識見，盼想解救別人，把他人引向明天。那麼，怎樣把像夏利遜一樣的人自癱瘓中釋放出來，並且在新生活開始時，引領他們進入明天呢？這就是我們現在該考慮的問題。

II．如何引領夏利遜先生進入明天

約翰探望了夏利遜先生，明顯的問題是：約翰能夠或者應該為夏利遜先生做些甚麼？不過，這問題實在不大公平，因為夏利遜先生的處境不是馬上可以清楚和理解的。或許就在這刻，細心分析這簡短對話多個小時之後，我們只片面掌握病人的情況，此外，仍一無所知。

要批評約翰的反應，並指出他多少次失去接近夏利遜先生的機會，倒是件易事；事實上，我們正看到約翰竭盡所能聆聽夏利遜先生，並應用在教室學來的非指導性輔導原則。這次對話是既學術又笨拙的，明顯充斥著恐懼、猶疑、混亂、自以為是和疏離等感受。約翰和夏利遜先生代表著兩個在歷史、思想、感受上不同的世界，要是希望他們在兩次隨意傾談中就能夠彼此了解，即使不是不人道，也是不切實際的。要是我們自以為有點學術成就，就一定知道這個農場工人是怎樣的人，並他怎樣面對死亡，那我們未免是狂妄自大了。一個人的奧祕是那麼的高深莫測，難以由另一人來解釋。「夏利遜先生怎樣能被領向明天？」這問題，依然是一個恰當的問題。因為一個人需要另一個人才可生存，他愈甘心樂意進入他和別人都知道的痛苦處境，就愈有可能成為領袖，帶領追隨者離開曠野，進入應許地。

所以，隨之而來的不是給約翰上一課，指出他怎樣慘痛地失去幫助夏利遜先生的機會，並告訴他早應怎樣做，反倒是在夏利遜先生的光景體認全人類的苦楚：人絕望地渴求弟兄的人性回應。

約翰能夠做的，比起他與夏利遜先生交談時所做的，不會多到哪裏去，然而，這種人類悲慘處境的研究，也許顯示出人的回應確實是生死攸關的事。

在非人化處境裏，人類可能作出的任何反應都是個人的回應，一個病人得著這回應，無論面對生，又甚至是死，都能對他人有所期待。

1. 個人化回應

當神學生閱讀約翰與夏利遜先生的對話，他們通常強烈批評約翰的回應，以及提出他們可能會說的話。他們解釋：「我會叫他想想人生美好的經歷，並嘗試讓他對美好人生有盼望。」或是「我會跟他解釋，上帝滿有憐憫，必定赦免他的罪。」或是「我會嘗試找出他病患的更多詳情，並向他說明他大有機會復原。」或是「我會跟他多談他對死亡的恐懼，並且提及他的往事，好叫他卸下罪疚意識。」或是「我會跟他說，對一個信靠基督的人，死亡只是通往新生命的方式。」

這一切和其他建議的回應，都建基於熱切伸出援手和提供盼望的信息，以減輕這受苦者的痛苦。不過，問題依然存在：「一個神學生的言辭、解釋、勸導和理由，對一個受著苦痛煎熬的文盲來說，又有甚麼用處呢？有沒有人在一個人死前數小時，能夠把那個人的觀念、感受或看法改寫呢？」可以肯定的是，四十八年的生活，絕不會因著一位善意神學生的數句精簡說話而起變化。約翰也許過分被動，也許沒有勇氣道出真相或表達關心；可是，這又有甚麼實質的分別呢？

對於約翰探訪夏利遜先生，假如我們期望改變了術語、或用字的次序或性質，就能出現救贖，那是決不可能成真的。我們甚至可以自問：「約翰不去碰夏利遜先生，讓他自生自滅，不用因著教牧而生恐怖的聯想，豈不是更好？」

說得不錯……除非夏利遜先生在這環境所造成的無名無姓處境中，遇上一個面貌清晰的人，親切說出他的名字，並認他為弟兄……除非約翰成為夏利遜先生能看、能摸、能嗅、能聞的對象，一個真真正正全心全意臨在的人。如果一個人能在夏利遜先生身處的雲霧之外，真切的看著他、跟他說話、緊握他的手，一切都會明顯有別。過去與未來的虛空，永不能以空言而只能以一個人的臨在來填滿。因為只有這樣，盼望才會油然而生，他所埋怨的「沒有事也沒有人」也許至少有個例外——這種盼望可使他輕輕細語：「也許，終於有人在等我。」

2. 生命中的等待

除非一個人讓別人知道他的臨在，否則，他不能成為領袖——即從他陌生和冷漠的狀態踏前，讓人覺得他可分享交流。

不過，即使約翰真切站在夏利遜先生面前，即使他可向對方表達真正關懷，他又可以怎樣領對方脫離恐懼，進入有明天的盼望？我們也許先要弄清楚，無論是約翰還是任何有關的人，都不希望夏利遜先生死去。動手術是為了治好雙腿，並且當夏利遜先生說「我認為我撐得住的」，只有冷血的人才會苛責他謹慎的猜測。對一個面對手術的病人來說，明天該是一個復元的日子，而不是死亡的日子。

所以，約翰的工作是鼓勵病人，使對方渴求康復，並且在掙扎求生時得著更多力量。

然而，他有甚麼法子呢？就是要推翻夏利遜先生的危險歸納：「沒有事也沒有人在等待我。」要把這句話化為一句自我束縛的抱怨，並且要當頭棒喝，粉碎他的錯誤自我觀：「看著我，再說一遍——你看看我的眼神就知道你錯了——我在這裏。我在等待你——明天、後天，我仍會在這裏——不要教我失望。」

如果一個人認為沒有人在等待自己，他斷不能活下去。任何人長途跋涉回家，都會在車站或機場尋找等待自己的人；任何人都想跟守在家裏、等待自己的親人講述自己的故事，分享苦樂。

無政府主義者亞歷山大・伯克曼（Alexander Berkman）在一八九二年意圖殺害工業巨頭亨利・克萊・弗里克（Henry Clay Frick），若不是有幾個好友在獄外等待他，他早就因著十四年殘酷監獄生涯發了瘋。（參 *Prison Memories of an Anarchist*, Alexander Berkman, New York, 1970）喬治・傑克遜（George Jackson），索爾達監獄囚犯盟友（Soledad brother）之一，十八歲那年搶劫汽油站七十元，於一九六〇年入獄，並於一九七一年越獄時遇害。假如他的母親、父親、兄弟羅伯特（Robert）和約拿單（Jonathan）、朋友費伊・斯滕德（Fay Stender）沒有在外面等待他，收他的信並不斷回應他的思想，他絕不可能寫下那些動人的函件。（參 *Soledad Brother: The Prison Letters of George Jackson*, New York, 1970）

只要至少有一個人在等候，人就能保持神志清通，並生存下去。即使健康很惡劣，人的精神實際上仍能夠控制肉身。一個瀕死的母親總要活著見她的兒子，才會放棄掙扎；一個士兵知道妻兒在等候他，總能避免身心的崩潰。然而，如果「沒有事也沒有人」在等待的話，面對生死的掙扎時，生存的機會就十分渺茫。假如夏利遜先生的恢復知覺，就是等於到了車站，成千上萬的人左穿右插，卻沒有人舉起手，面帶熟悉的笑容走近他，或是歡迎他撿回生命，那麼，夏利遜先生絕對沒有理由要從麻藥中醒過來。約翰大有可能成為那個人；他可以讓對方知道，他的重拾生命對等待的人來說是一份禮物，因而救回對方一命。成千上萬的人自殺，正因為明天沒有人在等待他們。生命中若沒有相繫的人，又有甚麼理由要活下去。

然而，當一個人跟同伴說：「我不會放棄你，我明天就在這裏等你，不要教我失望。」那樣，明天就不是無盡的隧道，那個等候他的弟兄反而變得有血有肉，他會為這個弟兄給生命多一次機會。當明天意味著煙草業、苦差和寂寞生活，根本不能期望夏利遜先生跟動手術的醫生合作。不過，如果約翰曾站在明天的門檻，夏利遜先生也許想知道他要對明天之後的事說些甚麼，而幫上醫生一把。

我們不要說一小時不能建立拯救生命的關係，因而抹殺等待的力量。一個人身處苦難的時候，別人的一個眼神或輕輕一握都能勝過多年的友誼。愛不只永恆不渝，也可以一觸即發。

約翰實在可以成為夏利遜先生的明天，也許可救回他一命。

3. 死亡中的等待

不過，夏利遜先生不一定康復過來，他自己首先意識這光景。他曾三次明顯提及自己的死亡，而且知道自己病入膏肓，手術效果成疑。在與約翰的簡短對話中，夏利遜先生似乎害怕死亡，更甚於重拾生命。在一個差不多活不到明天的人面前，約翰的出現和忠誠等待豈不變得無稽？許多病人都受到康復和痊癒後會更好的故事愚弄，然而只有很少安慰病者的人相信自己的說話。當所說的話十分可能成為對病人的最後贈言，那麼，談及等待明天又有甚麼意義呢？

我們正好觸及約翰與夏利遜先生相遇的最敏感一點。為甚麼一個看來健康且聰穎的人，要在一個受死亡噬蝕的人面前出現？要一個瀕死的人面對一個初出茅蘆小子，到底有甚麼意思？這看來是心理折磨——一個年輕同伴提醒一個瀕死的人，生活大可不同，可惜為時已晚。

我們社會大多數人都不欲以死亡的觀念互相打擾，他們甚至打算在他人死亡時，也不讓他知道死亡已近。約翰玩這個錯誤遊戲之時，絕不能引領夏利遜先生進入明天。與其說在領導，倒不如說他在誤導。他已竊取夏利遜先生死亡的人權。

說句實話，夏利遜先生未必能復原，約翰真的能夠說「我會等候你」嗎？又或者一個人能不管對方發生甚麼事，甚至死亡，也仍然等待嗎？在死亡面前，約翰跟夏利遜先生沒有甚麼差別，他們同樣會死，差的只是時間，不過，當兩個人結為友伴，時間又算得上甚麼？假如約翰的等待能夠救回夏利遜先生一命，他的等待力量將不會受著夏利遜先生的痊癒左右，因為兩個人真心相交，其中一方的等待必然能夠跨越另一方生死的脆弱界線。

夏利遜先生畏懼死亡，因為他害怕定罪——永恆無止的孤立。不管夏利遜先生認為地獄意味甚麼，他全然排斥。不過，假如他能接納約翰的同在，也許會覺得有人反對他的恐懼，死的時候也不致孤單。

人確實可以在死亡中活出忠信，且表現出團結，這種團結不單建基於重返日常生活，也奠基於參與死亡的經歷，這死亡經歷藏於人的心底。「我會等候你」的意義遠遠大於「如果你捱過手術，我會再與你一起」，根本沒有甚麼「如果」可言。「我會等候你」超越了死亡，深切表達了一項事實，信心和盼望也許過去，愛卻永遠長存；「我會等候你」表現了一種足以折斷死亡鎖鍊的團結。在說「我會等候你」的一刻，約翰不再是個院牧，搜索枯腸，提出忠告，夏利遜先生不再是農場工人，揣測自己會否手術成功；反之，他們兩個彼此喚醒心靈深處的直覺，悟出生命是永恆的，絕不會因著生理過程而變成虛空。

即使明天是另一人的死期，某個人仍能領那人進入明天，因為他可以在兩邊等他。然而，約翰領夏利遜先生重回煙草工作，如果那只是死亡隊伍上的另一次拖延，又有甚麼意義呢！

人對死亡咆吼抗議，因為他對行刑的拖延不滿。也許這抗議在夏利遜先生身上，既能發動康復的力量，也能發動打破恐懼圍牆的能力，使死亡化成生命的入口，而那生命一直在等待他。所以，約翰藉著與夏利遜先生同在，並在生和死之中等待他，也許真的可以引領夏利遜先生步入明天。事實上，正是約翰的甘心樂意與夏利遜先生進入動彈不得的處境，才會使他成為真正的嚮導或領袖。只有這種親身的參與才能把夏利遜先生自癱瘓中解救出來，並且使他對自己的歷史負責。在這種意義上來說，不管夏利遜先生能否康復，約翰確實可以拯救他的生命。有約翰在等待，醫生動手術的對象就不是個消極的病人，反而是個能承擔抉擇的人。

夏利遜先生的光景不是某個人在某特定醫院的光景，這委實是全人類處境的景象。領袖的潛能不純是由訓練有素的神學家踐行，而是每個基督徒的責任。故此，最後讓我們討論是次接觸所顯露的基督徒基本領導原則。

Ⅲ．基督徒領導的原則

我們談到基督徒領導，怎能不提及耶穌基督、祂的一生、十架受死和死後復活？惟一的答案是：祂自本章的第一頁起就在這裏了。了解夏利遜先生處境並尋求建立生命的回應之道，完全建基於上帝在耶穌基督裏的啟示。這啟示指出夏利遜先生的光景，正是人的光景；這啟示同時顯示出，我們大有可能不計較生死界線，學像基督那樣忠誠等待。故此，我們能夠在夏利遜先生和約翰的相遇中，發現並再發現基督徒領導基本原則：一、真切關懷，為同胞擺上性命；二、對價值觀和人生意義有堅定不移的信心，即使日子灰沈也不動搖；三、永遠尋求明天的盼望，甚至超越死亡的一刻。這些原則建基於一個且是獨一的信念：上帝既已成了人，人就有力量引領同胞奔向自由。約翰探望夏利遜先生的過程 ，讓我們反省了三項原則，現在且讓我們鄭重注意每一項。

1. 真切關懷

若有甚麼態度足以折磨受苦的人，那絕對非高不可攀莫屬。基督徒牧養的悲劇在於，很多人有極大需要，他們期待細心傾聽的耳朵、打氣的說話、寬恕的擁抱、堅定的一握、溫柔的笑容，甚至是無能為力時的歉意，可惜的是，他們通常發現牧者遙不可及、置身事外。他們不是不能就是不願表現同情、憤怒、仇恨，又或憐恤等感受。弔詭的是，這些想服事「所有人」的牧者，往往不能親近任何人。每一個人都成為我的「鄰舍」時，倒值得懷疑，有誰能成為我的「近鄰」——即與我關係最緊密的那個人。

過去，極多專家都強調，領導者在助人的關係裏，要對個人的真切感受及態度有所約束（參 Seward Hiltner 的出色研究，*Counselor on Counselling*, Nashville, Tennessee, Abingdon, 1950），現在似有必要重建基本原則，就是要甘於投身，甘於全人進入痛苦處境，甘於冒受傷、殘害甚至是毀滅之險，否則沒有人可幫助任何人。基督徒領導由始至終徹頭徹尾就是為別人豁出生命。除非我們認清，真正的殉道是見證與哀哭的人同哭、與歡笑的同笑、以自己的苦樂經歷成為澄清和了解的源頭，否然，殉道的思想只是逃避現實的念頭而已。

有誰能夠從一所火光熊熊的房子救出一個小孩，卻不用冒燒傷的危險？有誰能細聽一個孤寂絕望的故事，卻不用冒險面對內心類似的痛苦，甚至失去心靈寶貴的安寧？簡單而言：「有誰能不走進苦難，卻能帶走苦難的呢？」

領導的最大幻想是，有人從未踏足沙漠，卻能領他人走出沙漠。我們生活裏無數例子告訴我們，領導需要了解，而了解需要同甘共苦。只要我們一直把領導界定為預防、或奠定先例、或為一些「大眾利益」謀福祉，我們已忘記一項事實：除了受苦的上帝外，沒有他神可拯救我們；除了被世人的罪轆壓的人，沒有人可領導他的同胞。真切關懷意味夏利遜先生是惟一的重要人物，為了他我甘願把其他職務、定好的約會和籌備已久的會議拋諸腦後，不是因為這些事情不重要，而是在夏利遜先生的苦痛面前，它們已失去迫切性。真切關懷使我們能夠體驗到，追尋「走失的羊」之所以是真正的服事，乃在於關顧那些備受忽視的人。

一個一直全心為眾人中每一個付出的領袖，定會受到眾人的信賴。很多故事都闡釋了「他真的關懷我們」這句話，這些故事在在顯明，真正領導的記號是，為了一人而忘記眾人。

人們在婚禮聆聽牧者對新婚夫婦的訓勉、在葬禮聆聽牧者對安息者兒女的安慰，不只為了好奇。他們聆聽時期盼真切關懷能使牧者在分享苦樂之餘，能發出觸動心弦的肺腑良言。很少人喜歡一篇切合所有人的大眾化講章，相反，很多人都全神貫注於數句為少數人而說的話。

這一切提醒我們，當一個人有勇氣進入最獨一無二、最私人的生活經驗，他正觸及團體的靈魂。那個花了很多時間設法明瞭，澄清同胞錯亂和困惑的人，就最有可能成為勝任的領袖，説明眾人的需要，因為在苦與樂的泉源裏，所有人都是一樣的。

卡爾．羅傑斯（Carl Rogers）寫以下一番言論時，所指的正是這件事。他曾寫道：

> ……我發現，在我看來最私隱、最個人、最難理解的那種感受，結果竟是許多人共有的表白。這教我相信，我們每人內裏最個人和獨一無二的東西，假如分享或表達了出來的話，大有可能是深深打動人心的元素。這有助我了解藝術家和詩人，他們大都敢於流露內心的獨特之處。（*On Becoming a Person*, London, 1961，頁 26）

如此看來，基督徒領袖應是藝術家，以勇氣表達最個人的關注，藉此把眾人聯繫起來。

2. 堅信生命的價值和意義

即使面對絕望和死亡，仍堅信生命的價值和意義，正是基督徒領導的第二項原則。這原則似乎過分明顯，很多時都被視之為理所當然，甚至備受忽略。

約翰需要真切地關懷夏利遜先生，不過，約翰先要在那次相遇中，顯出他愈來愈相信生命的價值和意義。惟有這樣，他的關懷才能奏效。當基督徒領袖沒有新的盼望，當一切都似曾相識，當一切牧職都淪為例行公事，那麼基督徒領導就是一條絕路。很多人已走上這絕路，並發現自己慘受生活幽禁——所有說話都已經說過了，所有事件都已經出現過了， 所有人都已經碰見過了。

然而，一個深信生命有價值和意義的人會發現，每一經驗都蘊含新應許，每一相遇都啟發新洞見，每一事件都帶來新信息。不過，我們要發掘，並讓人看到這些應許、洞見、信息。基督徒領袖之所以成為領袖，並不因著他發表新意念，並說服他人接受；他之所以成為領袖，乃因為他帶著期望的眼神面對世界，以其專長揭開遮擋潛力的帳幔。基督徒領導之所以是牧養事工，乃正正表明領袖在服事他人之時能帶來新生。正是這種服事，讓人看到街道隙縫中的花朵，讓人聽到怨懟仇恨所掩蓋的寬恕微聲，讓人觸摸到死亡和毀滅陰影下的生命。

夏利遜先生不純是滿懷苦毒和敵意的人，也不全然抗拒牧者的援手。對一個真正牧者來說，他應掌握並活出生命的真理：人要帶著尊嚴面對人類的死亡，並且是主動地交出生命，而非全無知覺地讓別人取走生命。一個基督徒可在夏利遜先生粗俗和苦毒的言談之中，聽出一個瀕死者的呼救聲，他呼求一個與他一同面對生與死的人。

他們兩人在危機處境的相遇，並非是個別事件，反而是一種直接的考驗，讓他倆再三發掘人心的基本追尋。然而，一個深信生命有價值和意義的人才能聽到這召喚，他知道生命不是一成不變的，反倒是人與世界不斷接觸的奧祕。

3. 盼望

我們越發相信生活的價值和意義，對他人的真切關懷就能夠持續不絕，而我們引領同胞走向未來的最深切動機卻是盼望。因為盼望使人有可能超越急迫的需求欲望，得著超越人類苦難甚至死亡的遠象。基督徒領袖是個有盼望的人，歸根究柢，他的力量並非來自個人的自信，也非出自對未來的特別期待，而是來自上帝賜下的應許。

這應許不單使亞伯拉罕走向未知之地，也不單激勵摩西引領同胞脫離奴役生涯；對任何面對朽敗和死亡、仍邁向新生命的基督徒而言，這應許也是股動力。

沒有了這盼望，與一個行將就木的人相處時，我們永不能看到箇中的價值和意義，也不能打從心底關懷對方。這盼望遠超乎個人心理力量的範圍，因為這盼望不只植根於個人的心靈，而是植根於上帝在歷史裏的自我啟示。故此，若一個基督徒領袖純粹樂觀地面對人生困厄，他的領導方式不算是基督徒領導，因為基督徒領導是以歷史中的基督事件為根基的，而基督事件絕非人類誤打誤撞的宿命事件，卻是一次戲劇化的明證，指出在黑暗的另一面有著光明。

任何欲把這盼望連於四周可見事物的做法，勢必招致試探，因為這做法使我們誤以為成功而非應許是基督徒領導的基礎。很多教牧同工和平信徒在辛勤多年後，非但沒有成果，連改變也不多，於是失望、苦惱甚至心生怨憤。把召命建基在具體成果上，無論想法怎樣，都像是把屋子建在沙土而非建在磐石上，這做法甚至叫人看不到成功為白白的恩賜。

盼望使我們不至於死抓著所擁有的不放，且有助我們自由地離開安全地帶，進入陌生而可怖的領域。這也許聽來浪漫，不過，當某人與弟兄走進死亡的恐懼，並能夠在那兒佇候對方，「離開安全地帶」也許會變成領導方面的高難度行動。這正是門徒的行動，要追隨基督走窄路，因祂走向死亡時，除了盼望外，並沒有其他憑藉。

小結

所以，等待明天正是基督徒領導的舉動，它要求領袖有真切的個人關懷、對人生價值和意義深具信心，且有足以突破死亡界限的熱切盼望。這分析逐漸清楚顯示，基督徒領導是藉著服事來成就的。這服事要求人擁抱著一切人性脆弱，甘心樂意地進入與弟兄妹姊分享的處境。這是痛苦的、自我否定的經驗。不過，這經驗確實能領人離開迷亂和恐懼的囚牢。事實上，這正是基督徒領導的弔詭之處：出路便是入口，只有藉著苦難進入聯合的關係，才能得著釋放。正如約翰受邀請，進入夏利遜先生的苦難，在那裏等候他；每個基督徒都不斷受到邀請，藉著進入恐懼，以克服鄰舍的恐懼，並在苦難的團契中找尋自由之路。

4 寂寞牧者的牧養事工

負傷的治療者

引言

在我們這個動盪不安的世代，男男女女一再叫嚷，大膽宣認，我們正等待一個解放者。他們承認，他們正等待彌賽亞，把他們從仇恨和壓逼、種族主義和戰爭中解放出來——一個彰顯、伸張和平與公義的彌賽亞。

假如牧養事工意味著持守這位彌賽亞的應許，那麼，我們所能理解的、任何有關祂來臨的事情，都會使我們更加清楚今天牧養事工的召命。

我們的解放者要怎樣來臨呢？我在猶太法典（Talmud）中找到一則古老傳說，也許可從中得著答案端倪。

> 利未族約書亞（Yoshua ben Levi）在西面安洞（Simeron ben Yohai's cave）洞口碰上先知以利亞……他問以利亞：「彌賽亞甚麼時候來臨？」以利亞回答：
>
> 「你去問祂吧。」
>
> 「祂在哪裏呢？」
>
> 「坐在城門口？」
>
> 「我怎能認出祂來呢？」
>
> 「祂滿身傷痕，與窮人坐在一起。其他人都一次過解開傷口，並包扎傷口。但是，祂每次只解開一個傷口，然後才包裹那傷口，且

自言自語：『或許有人需要我，所以，我必須隨時預備好。免得耽誤時間。』」（轉載自猶太人議會短文[Sanhedrin]）

這故事告訴我們，彌賽亞與窮人坐在一塊，每次只包裹一個傷口，同時在等候別人需要他的時刻。牧者也是一樣，因為他的任務是讓別人看到釋放的第一道痕迹，所以他必須小心翼翼地包裹自己的傷口，同時期盼別人需要他的時刻。他蒙召成為負傷的治療者，既要料理自己的傷口，也要同時準備治療他人的傷口。

他既是負傷的牧者，也是治療的牧者，這兩個概念正是我在這章要加以探討的。

I．負傷的牧者

猶太法典的故事顯示，正因為彌賽亞每次只包裹一個傷口，所以，有人向祂求助時，祂不用費時間預備，祂已準備隨時施予援手。耶穌賦予這故事更完滿的結局，祂藉著自己傷痕纍纍的身軀，帶來了健康、釋放和新生。故此，就像耶穌一樣，宣示釋放的牧者，不單要護理自己和別人的傷口，還要讓他的傷口成為治療力量的主要源頭。

然而，我們的傷口是甚麼呢？不同的人已用很多不同方式述說過，諸如「疏離」、「分離」、「孤絕」和「寂寞」等字詞都是用以描述負傷狀況的。或許「寂寞」一詞最能描述我們當下的經驗，所以也最能夠使我們了解自身的破碎。牧者的寂寞尤其難受，因為除了承受現代社會的經驗外，他還額外感到寂寞，那是牧職專業本身意義的轉變所導致的。

1. 個人的寂寞

在我們生活的社會，寂寞已成為人類最劇痛難受的傷口。自我們出生，日漸加劇的競爭和對敵生活已導致我們對寂寞額外著意。結果，這種意識使很多人憂慮日增，拚命追求團結和羣體經驗。這也逼使人重新詰問，愛、友誼和弟兄姊妹之情誼可怎樣讓他們脫離寂寞，並得著親密關係和歸屬感。放眼四望，我們可以目睹許多西方世界人士設法逃避寂寞的林林總總方式：心理治療法，眾多提供言語或非言語小組溝通技巧經驗的機構，由學者、訓練員和熱心人士所贊助支持、讓人分擔共同難題的夏令會和研討會，以及無數嘗試營造平安言論和平安感受的宗教試驗。這一切日益普遍的現象，全是一種痛苦掙扎的記號，人們要打破令人窒息的寂寞圍牆。

然而，我愈想及寂寞，就愈覺得寂寞這傷口跟大峽谷十分相似——在我們日常起居生活表面深深的一刀割切，已化成美麗繽紛和自我認識的無盡泉源。

故此，我要鄭重而清楚地說明，那看來像是不受歡迎、甚至可能令人困擾的事實：基督徒的生活方式並不消除寂寞，反而保護和珍視寂寞，視之為珍貴禮物。有些時候，我們似乎在竭盡所能避免痛苦地面對人類的基本寂寞，而容讓假神抓著我們，從而得著即時滿足和迅速解脫。不過，這份對寂寞的痛苦覺察，也許是一次邀請：要我們超越限制，望向生存界限之外。這份對寂寞的意識，也許是一份要加以保護和捍衛的禮物，因為我們的寂寞顯示了我們內在的空虛；若我們錯誤理解這空虛，後果可以是摧毀性的，但對能承受這空虛甘甜的痛苦的人而言，卻是應許處處。

當我們不耐煩，當我們想除去寂寞，而過早設法克服所感受到的隔離和不足，我們很容易就會把人類世界與破壞性的期望連結在一起。我們忽略了早已深植腦海的直觀知識，就是沒有愛情或友情，沒有親密的擁抱或溫柔的親吻，沒有羣體、公社或團體，沒有任何男女，能夠滿足我們脫離寂寞困境的欲望。這真理是那樣的使人惶恐不安和痛苦不堪，以致我們情願沈迷於幻想，而不願面對生存的真相。所以，我們不斷期盼，有一天，會遇上真正了解自己經驗的人、會碰上令自己成家立室的女子、會尋覓到發揮一己潛能的工作、會讀上一本解釋一切的書籍，以及找到令自己釋然的地方。當我們開始發現沒有任何人、沒有一樣事物，能夠滿足十全十美的期望，這種不真實的盼想會驅使我們無休止地需索，並把我們推向苦毒和仇恨的邊緣。

許多婚姻觸礁，正在於任何一方都不能滿足另一方的隱藏期盼：另一半消除自己的寂寞。許多單身男女心存天真夢想，以為婚姻的親密關係能驅走寂寞。

當牧者滿腦子這些虛假盼望和幻想，他就沒法子宣稱寂寞是了解人的泉源，也不能真正服事許多不理解自己苦難的人。

2. 專業的寂寞

牧者生涯的寂寞創口尤其教人難受，因為他不單分嘗人類孤獨的處境，卻同時發現自己事業的影響力日趨薄弱。牧者的召命是宣講人生的終極關懷：生與死、合與離、愛與恨。他急切渴想為人賦予生活意義。不過，他發現自己只是站在事件的邊緣，人們只是在萬分不願意的情況下讓他參與決策。

在醫院，牧者置身於嬰兒呱呱墮地並病人嚥最後一口氣之間，可是，人們多是容忍他而多過需要他。在監獄，囚犯渴求釋放，並難以感到自由，牧者置身其中，只覺自己是個內疚的旁觀者，他的話語鮮有打動獄長。在城市，孩子在高樓大廈間嬉戲，老人孤獨死去而無人記念，教牧人員的抗議無人重視，他們的要求在空氣中迴蕩，無人回應。很多教堂都以救恩和新生命的金句為裝飾，可惜它們跟商店差不多，只為安於舊狀的人而設，這些人不會讓牧者的話把他們的鐵石心腸化為熔爐，好把劍煉成犁頭、長槍打成鐮刀。

最痛苦矛盾的是，牧者本要成為人們生活的核心，卻發現自己身處邊緣，竟常常懇求也不得其門而入。他似乎與人們的行動、計劃和策略商討過程永遠絕緣，根本沒有天時地利人和可言；他只得在筵席過後，在城牆外與少數哭泣的婦女一起。

數年前，我曾擔任荷蘭與美國之間航線上的牧者。有一回，我曾站在巨大荷蘭遠洋輪船的船橋上，那艘船正在設法穿越濃霧、進入鹿特丹港。霧十分重，事實上，連舵手也看不見船頭。船長只得全神貫注聆聽雷達站控制員講解船隻與船隻之間的位置，且不時在船橋上走來走去，高聲向舵手下命令。他突然跟我碰個正著的時候，就衝口大罵：「該死的，神父，不要擋著我的路。」正當我滿懷無能和內疚地跑開，他又走回來跟我說：「你倒不如留在這兒，這次我可能真的需要你。」

曾幾何時，沒多久之前，我們覺得自己好像船長，滿是能力和自信；現在，我們卻擋著別人去路。這正是我們的寂寞處境：我們無能為力，站在一旁，也許擦甲板的船員會喜歡我們，並跟我們飲啤酒消遣，然而，天氣良好的時候，從沒有人重視我們。

我們寂寞的創傷委實太深了。由於分心的事務太多了，我們或許已忘掉這傷口。但是，當我們善意地、真誠地行事，也不能改善世界現況，當我們萬般不願意地被排擠到生活邊緣，我們便知道創傷仍在。

我們據此可以看到，寂寞之所以成為牧者的創傷，不單因為他要分擔人類處境，也同時因為事業本身所獨有的困境。他受呼召，要比他人更多關注和護理這個創傷。他因著對自己痛苦的深切了解，便能把軟弱化為力量，且能夠以個人的經驗作為治療的泉源，去醫治那些在自己所誤解的苦難黑夜裏迷失的人。這個召命困難重重，因為對一個獻身建立信仰羣體的牧者來說，寂寞委實是難以承受的創傷，容易備受排拒和忽略。但是，牧者一旦接受和明瞭這痛苦，他就不需要否認這痛苦，而他的牧養事工便能成為治療的事奉。

II．治療人的牧者

創傷怎樣能成為治療的源頭呢？這是個值得深思的問題。因為我們要以負傷的心身來服事他人的時候，就該衡量專業和個人生活之間的關係。

在某一面，沒有牧者能在受助者面前隱藏自己的經驗。牧者也不應該藏起自己的經驗。即使一個醫生私生活紊亂，他仍然可以是個稱職的醫生；但是，一個牧者若對自己的經驗沒有恆常和鮮活的體認，他就不能事奉。在另一方面，我們很容易因著一種屬靈風頭主義而濫用負傷的治療者這概念。牧者光在講台訴説個人難處，對會眾毫無建樹可言，因為受苦的人只聽另一個人説他也有同樣的問題，根本得不著任何幫助。「不要愁，因為我也有同樣的鬱悶、混亂和憂慮。」諸如此類的安慰並不能幫助任何人。這種屬靈風頭主義，只為小信的人加添毫無作用的信心，反而製造了偏見，而不是開拓新視野。敞開的傷口只傳出惡臭，卻醫不了任何人。

所以，要讓自己的創傷成為治療的泉源，並不需要人膚淺地公開個人痛苦，反而需要人常常甘心樂意意識到，自己的痛楚和苦難出自人類處境的深處，沒有人能置身度外。

對某些人來説，負傷的治療者這概念也許是病態和不良的論調。他們也許覺得，自我實現的理想被自我整治的理想取代，本應受質疑的痛苦給浪漫化了。我想説明的是，負傷的治療者這意念跟自我實踐或自我實現等概念沒有衝突，反倒令後者更具內涵。

治療是怎樣出現的呢？很多詞彙，諸如看顧和憐恤、了解和寬恕、團契和羣體，都是用來形容基督徒牧者的醫治任務的。我倒喜歡用「殷勤款待」(hospitality)這詞彙，不僅因為這個詞彙在猶太——基督教傳統上源遠流長，且因為它主要讓我們對人類寂寞處境的反應的本質，有更豐富的洞識。殷勤款待這德行能讓我們突破個人恐懼的狹隘，為陌生人打開家門，同時直覺地知道，救恩是以一個疲乏旅客的形式臨到。殷勤款待使焦慮的門徒成為大能的見證者，使疑慮重重的主人成為慷慨的施贈者，使思想保守的宗派人士成為新意念與洞見的接受者。

可是，我們今天已很難理解殷勤款待的含義。我們就像閃族遊牧者，與很多寂寞旅客一起，他們尋求的是片刻的平安、一杯涼水和鼓勵的表示，好使他們能繼續追尋自由的奧祕之旅。

殷勤款待既然有治療能力，那麼它到底需要甚麼條件配合？首先，主人要在自己家裏安適自若；第二，他要為不速之客營造自由與沒有懼怕的氣氛。所以，殷勤款待涵蓋兩個概念：專注與羣體。

1. 殷勤款待與專注

殷勤款待就是有能力注意客人。這是極之困難的，因為我們的心靈早已為個人需求、憂慮和張力充塞，這些東西教我們不能放下自己而去關注他人。

不久前，我遇上一位牧者。他跟我描述日常繁重的工作——教會事奉、講學、午餐和晚餐會，以及其組織的種種會議，然後，他帶著歉意說：「不錯……但是仍有很多難題……」當我問「誰的難題？」，他沈默了好一陣子，然後多少有點不願意地說：「我猜——我自己的。」說句老實話，他那些不可思議的活動，大多數像是受著恐懼的驅使，他懼怕自己一旦靜下來，就會發現些甚麼面對不了。實際上，他說：「我想，我為了躲避痛苦的自我關注而忙得團團轉。」

因此，我們發現，因著自己的意圖，我們極難專注別人。一旦我們的意圖變成主導，問題不再是「他是誰？」反倒是「我從他身上得著甚麼？」——如此，我們接著不再聆聽他說甚麼。反而從他所說的，看看能夠做些甚麼。接著，同情、友誼、知名度、成功、體諒、金錢和事業等尚未察覺而有待滿足的需要，就會成為我們的關注，這樣的話，我們便不是關注他人，反而是出於好奇，把自己一套強加他人身上。（參James Hillman, *Insearch*, New York: Charles Scribner's Son, 1967，頁18）

任何人想要不懷私心地關注他人，他先要適然自在——即是他要在自己內心找著生命的中心。專注導引我們走向默想與默觀，所以是真正殷勤款待的先決條件。當我們的心靈浮躁不安，當我們受著千萬種不同而又彼此衝突的刺激干擾，當我們為著這個世界的人、意念、憂慮而心不在焉，我們又怎能創造空間，讓他人可以自由進入而毫不覺得自己冒昧？

弔詭的是，出於謙卑而不是出於自憐的隱退，有助我們塑造空間，讓他人保留自我、按個人需求來找我們。蘇黎世容格學院（C.G. Jung Institute）的研究主管詹姆斯·希爾曼（James Hillman），談及輔導時說：

> 要他人坦誠說話，輔導員要隱退。我必須隱退，讓他人有空間……這種退讓而不出迎，正是專注這行動的極致，在欽湛（Tsimtsum）的猶太神祕教義可見這模式的蹤影。神無所不在無所不能，所以處處都在，祂充滿全宇宙。那麼，創造又是怎樣成就呢？……神必須隱退以成就創造。祂藉著專注創造了「非祂」，即他者……在人類來說，我的隱退能幫助他人現身。（*Insearch*，頁 31）

可是，人的退隱是個非常痛苦和寂寞的過程，因為這過程逼使我們直接面對個人光景，不管好醜也得接納。當我們不怕進入自己的中心，並注視自己靈魂的悸動，我們就會知道，生存意味被愛。這經驗告訴我們，由於我們生於愛，所以就只能愛；由於生命是禮物，所以就只能施予；由於我們被心腸更偉大的神釋放了，所以就只能讓他人得自由。當我們在自己心火的中心找著生命下錨的地方，就能讓他人進入為他們而設的空間，容讓他們從容地跳他們的舞、唱他們的歌、說他們的話。那麼，我們的存在，既不是威脅，也不是麻煩，反而是既可親又教人無拘無束。

2. 殷勤款待與羣體

牧者若能處理自己的寂寞，並能安恬自在，那麼，他就是好客的主人。他給客人友善的空間，讓他們有自由來去、親近和疏遠、休息和嬉戲、說話和靜默、進食和禁食。弔詭之處在於，殷勤款待就是營造一個空蕩蕩的地方，讓客人找著自己的心靈。

為甚麼這是醫治的事工呢？這樣做是有治療意義的，因為人的幻象可被消除，人根本不可能給他人完滿人生。這做法是有治療意義的，因為當事人的孤寂和痛苦沒有被消除，他反而受到邀請去辨認其孤寂，好叫他能跟他人分擔。很多人飽受生活煎熬，就是因為他們焦躁地尋求某個人、某件事或某次相遇，好叫他們的寂寞能夠消散。然而，他們一旦步進真正好客的居所，就會發現自己的傷口不該被視為絕望與苦毒的源頭，卻該被看成記號——他們要順從自己傷口發出的聲音，繼續前行。

由此，我們對牧者所能提供的幫助有了一個概念。牧者不是醫生，醫生的主要工作是消除人的痛楚；牧者卻是加深人的痛苦，使痛苦達到可以分擔的地步。有人帶著寂寞來找牧者的時候，他只能期望自己的寂寞得著了解及體諒，以致他不用再逃避寂寞，反而能接受寂寞為人類基本光景的一種表現。若一個婦女深受喪子之痛折磨，牧者的職事不是安慰她，告訴她家中仍有兩個漂亮健康的孩子；牧者應有勇氣幫助她理解，孩子的死亡顯示了她有限的人生，他與其他人都面對著同樣處境。

或者，牧者的主要任務是阻止人因錯誤的原因而受苦。很多人因著錯誤的假設受苦，他們的生活建基於這假設上。他們的假設是：恐懼或寂寞是不應存在的，迷亂或疑惑是不該有的。但是，這些苦難一旦能被理解為人類處境不可或缺的創傷，我們就可以滿有生機地處理它們。所以，牧職是一項非常具挑戰性的事奉，它不容許人活在永生不滅和完滿無憾的幻象中，反而不斷提醒他人，他們是會朽壞和破碎的，不過，也同時告訴他們，一旦認清這處境，釋放就隨之而來。

沒有牧者能拯救任何人。牧者只能獻上自己，以作為恐懼者的嚮導。然而，弔詭地，正正就在這引領之中，盼望的頭一個記號就出現了。情況之所以如此，正因為人一旦理解已分擔的痛苦為釋放的方式，痛苦就不再教人癱瘓，反倒叫人得著動力。若我們日漸了解，我們不必逃避痛苦，反而可促使痛苦成為對生命的共同追尋，那麼這些痛苦就會由絕望的表現化成盼望的記號。

藉著這共同的追尋，殷勤款待進而形塑了羣體。當殷勤待款建基於共同的認信和盼望，它便創造了羣體，就這樣，殷勤款待形塑了羣體。這共同的盼望接著引領我們跨越人類一體的界線，走向上主，上主曾召喚選民離開奴役之地，進入自由地土。上主的召喚模塑了祂的選民，這正是猶太——基督教傳統的精髓。

基督徒羣體之所以是醫治的羣體，不是因為創傷治好了、痛苦減輕了，而是因為創傷和痛苦變成了新視域的窗戶和機遇。互相坦誠傾訴強化了彼此的盼望，互相分享軟弱變成了一個提醒，一股全備的力量正來臨。

若寂寞是牧者的主要傷口，殷勤款待正好能化這傷口為醫治的泉源。專注可令牧者不以自己的痛苦折騰他人，並能讓他接納創傷，視之為自己及鄰舍處境的啟蒙老師。只要痛苦得著分擔，羣體就會茁壯成長。這種分擔不是教人窒息的自怨自艾，反而是對上主的救贖應許的體認。

結語

在這一章的起首，我引述了利未族人約書亞的故事。在故事裏，他問以利亞：「彌賽亞甚麼時候來臨？」這個故事尚有重要的結尾。以利亞向約書亞說明，怎樣可以在城門口找到坐在窮人中間的彌賽亞後，約書亞就走到彌賽亞跟前，對祂說：

「我的主，我的老師，平安與祢同在。」

彌賽亞回應道：「利未之子，平安與你同在。」

他問：「主甚麼時候來臨？」

「今天。」祂答道。

約書亞回到以利亞那裏，以利亞問：「祂跟

你說甚麼？」

「祂真的騙了我，因為祂說：『我今天來。』

祂卻沒有來。」

以利亞說：「祂對你說的是：『惟願你們今

天聽祂的話。』」(詩九十五 7)

即使我們知道自己受召為負傷的治療者，卻仍然難以承認治療必在今天出現。因為我們正活在創傷隨處可見的世代，寂寞與隔絕幾乎已成為日常生活的主要經驗。我們不得不大聲疾呼，盼求一位釋放者，好能挪走一切不幸，帶給我們公義與和平。

然而，要宣告釋放者坐在窮乏人中間，要宣告創傷為盼望的記號，要宣告今天就是釋放的日子，倒是很少人能勝任的。但是，這正正是負傷的治療者的宣告：「主來了——不在明天，是今天；不在明年，是今年；不是在不幸過去之後，是在痛苦之中；不在別處，是在我們現在站著的地方。」

接著，祂以挑戰的語調說：

惟願你們今天聽祂的話：

你們不可硬著心，像當日在米利巴，

就是在曠野的瑪撒。

那時，你們的祖宗試我探我，

並且觀看我的作為。(詩九十五 7~9)

假如我們真的聆聽這話，並相信牧職是個盼望的記號——因為這使我們看見彌賽亞降臨的第一道光，我們就能使自己和別人都了解，我們本身已經擁有所追尋的泉源。如此，牧養事工就真的能夠成為永活真理的見證——那現在叫我們受苦的創傷，日後會向我們顯示，這正是上帝暗中展現新創造的地方。

總結

向前衝刺

在這書的最後一章，我曾經如此描述，要是牧者願意以自己受傷的處境作為他人治療的源頭，那麼，他要以殷勤款待作為主要的態度。教人樂觀的是，這種態度的影響已在不同客旅的身上呈現出來，他們都是受到來者不拒的牧者所接待的。那個老農夫夏利遜先生，在醫院非人化環境裏迷失了，既怕死又怕生；內向、無父輩和忐忑不安的一代；以及那些在散裂與誤置生存狀態之中、追尋新的不朽形態的人——他們全都在要求自由的空間，好使他們在其中一無所懼地活動，並發掘新方向。

當「效法基督」不意味活基督所活過的一生，反而是像基督誠心真意地活祂的一生，來活你的一生，那麼，一個人就能有很多方式與形式來做基督徒了。牧者正是那個能夠促使這追尋成為真實的人，他不是站在一旁，扮作沒所謂的屏風或無私的觀察者，反而要成為基督活生生的見證，讓一己的追尋成為他人的幫助。這種殷勤款待的精神，除了要求牧者知道自己的立場，並知道為誰而這樣外，還要他容讓別人進入他的生活、靠近他、查詢他們的生活與他的怎樣相連。

沒有人能夠預言這樣做會招致甚麼後果，因為每逢主人容許自己受客人左右，他就冒多一次險，完全不知道自己的生活會受到甚麼影響。然而，正正就在共同的追尋和共同承擔的風險中，新意念才得著孕育，新視野才得以揭示，新道路才愈來愈清晰。

我們不知道兩年、十年又或二十年後身在甚麼地方。然而，我們能夠知道的是，人在受苦，而痛苦的分擔能使我們邁步向前。

牧者的召命就是令多數客人相信這種向前的動力，以致他們不停滯，反而愈來愈渴想前進，堅信人類及其世界的釋放，終有一天來臨。

作者簡介

盧雲 (Henri J.M. Nouwen)

原籍荷蘭，著名靈修及牧養神學作家，曾於美國聖母院大學、耶魯大學及哈佛大學之神學院任教多年。一九八五年離開哈佛大學，在法國特魯斯里的「方舟團體」(L'Arche Community) 生活，等候及尋索未來的「召命」。終於受「方舟團體」在加拿大多倫多市以北的「黎明之家」(Daybreak) 邀請，自一九八六年起為其牧者，服事家中的弱智人士及職員，直至一九九六年九月安息主懷止。其作品包括《羅馬城的小丑戲》、《心應心》、《始於寧謐處》、《念》、《親愛主，牽我手》、《奉耶穌的名》、《與祢同行》、《鏡外》、《新造的人》、《生命中的耶穌》、《愛中契合》、《黎明路上》、《建立生命的職事》、《負傷的治療者》、《亞當》、《活出有愛的生命》及《盧雲眼中的梅頓》等。

盧・雲・著・作・一・覽・表（基道出版）

Intimacy: Essays in Pastoral Psychology (1969)
《愛中契合》香港：基道，一九九四。

Creative Ministry (1971)
《建立生命的職事》香港：基道，一九九六。

With Open Hands (1972)
《親愛主，牽我手》香港：基道，一九九一。

Thomas Merton: Contemplative Critic (1972)
《盧雲眼中的梅頓》香港：基道，一九九九。

The Wounded Healer (1972)
《負傷的治療者》香港：基道，一九九八。

Out of Solitude (1974)
《始於寧謐處》香港：基道，一九九一。

Clowning in Rome (1979)
《羅馬城的小丑戲》香港：基道，一九九〇。
《帶著眼淚帶著微笑，在信仰的愚拙中經歷上帝》（增修版・全新譯本）香港：基道，二〇二一。

In Memoriam (1980)
《別了，母親》香港：基道，一九九一。
《念：別了母親後》（重譯本）香港：基道，二〇〇〇。

Making All Things New (1981)
《新造的人》香港：基道，一九九二。

Compassion (With D. McNeill and D. Morrison, 1982)
《慈心憐憫》香港：基道，二〇一七。

Letters to Marc about Jesus (1988)
《**生命中的耶穌**》香港：基道，一九九三。

The Road to Daybreak: A Spiritual Journey (1989)
《**黎明路上**》香港：基道，一九九五。

Heart Speaks to Heart (1989)
《**心應心**》香港：基道，一九九一。

Beyond the Mirror (1990)
《**鏡外**》香港：基道，一九九二。

In the Name of Jesus (1990)
《**奉耶穌的名**》香港：基道，一九九二。

Walk with Jesus (1990)
《**與祢同行**》香港：基道，一九九二。

Life of the Beloved (1992)
《**活出有愛的生命**》香港：基道，一九九九。

Adam: God's Beloved (1997)
《**亞當——神的愛子**》香港：基道，一九九九。

Sabbatical Journey: The Diary of His Final Year (1997)
《**安息日誌——秋之旅**》香港：基道，二○○二。
《**安息日誌——冬之旅**》香港：基道，二○○三。
《**安息日誌——春夏之旅**》香港：基道，二○○三。

The Road to Peace (1998)
《**和平路上**》香港：基道，二○○二。

Finding My Way Home (2001)
《**尋找回家路**》香港：基道，二○○四。

Turn My Mourning into Dancing: Finding Hope in Hard Times (2001)
《**祢已將哀哭變為跳舞**》香港：基道，二○一八。

Peacework: Prayer, Resistance, Community (2005)
《和平篇章》香港：基道，二〇〇七。

A Spirituality of Living (2011)
《盧雲靈思集・生命中的蒙愛時刻》香港：基道，二〇一八。

A Spirituality of Caregiving (2011)
《盧雲靈思集・關顧，傷癒時刻》香港：基道，二〇一八。

A Spirituality of Homecoming (2013)
《盧雲靈思集・歸心，歸回上帝的時刻》香港：基道，二〇一八。

Discernment: Reading the Signs of Daily Life (With Michael J. Christensen, Rebecca J. Laird, 2013)
《靈心明辨》香港：基道，二〇一五。

Following Jesus: Finding Our Way Home in an Age of Anxiety (2019)
《跟從耶穌，每一步都是歸心之路》香港：基道，二〇二〇。

緊扣時代 服事教會

以文字傳揚基督真道

讀者意見表

衷心多謝你購買本社書籍。本社一直致力以出版事工服事教會，幫助信徒扎根於神的話語，促進靈命增長。為使我們的出版更能滿足你的需要，請填寫下列各項資料，並寄回或傳真予本社。

所購書籍：______________________

本書最吸引你的地方：
□作者 □適切性 □文筆 □設計 □實用性
□其他：______________________

購買本書地點：
□基道書樓 □基督教書店 □非基督教書店

性別：□男 □女 職業：______________

信仰：□基督徒 □非基督徒

年齡：□ 16 歲或以下 □ 17～25 歲 □ 26～35 歲
□ 36～55 歲 □ 56 歲或以上

學歷：□中三或以下 □中五 □預科
□大學 □研究院

□我欲更多了解基道出版社的事工及考慮支持，請寄給我下列資料：
□機構簡介 □新書資料 □「書中行」書會資料
□《基道文字事工通訊》

姓名：______________ 電話：______________

地址：______________________

____

傳真：______________ 電子郵件：______________

其他意見：______________________

____

多謝賜教！

意見表可以傳真（2687-0281）或直接郵寄以下地址：
香港沙田火炭坳背灣街26號富騰工業中心1011室
基道出版社編輯部收